ESPAÇOS EM HARMONIA

ESPAÇOS EM HARMONIA

Propostas de atuação em ambientes para a infância

Beatriz Trueba Marcano

Tradução
Bruna Heringer de Souza Villar

Phorte editora
São Paulo, 2022

Título do original: *Espacios en armonía*: propuestas de actuación en ambientes para la infancia

Espaços em harmonia: propostas de atuação em ambientes para a infância

Rua Rui Barbosa, 408
Bela Vista – São Paulo – SP
CEP: 01326-010
Tel.: (11) 3141-1033
Site: www.phorte.com.br
E-mail: phorte@phorte.com.br

CIP-BRASIL. CATALOGAÇÃO NA PUBLICAÇÃO
SINDICATO NACIONAL DOS EDITORES DE LIVROS, RJ

M262e

Marcano, Beatriz Trueba
Espaços em harmonia : propostas de atuação em ambientes para a infância / Beatriz Trueba Marcano ; tradução Bruna Heringer de Souza Villar. - 1. ed. - São Paulo: Phorte, 2022.
208 p. ; 23 cm.

Tradução de: Espacios en armonía : propuestas de actuación en ambientes para la infancia
Inclui bibliografia
ISBN 978-65-88868-08-9

1. Educação - Filosofia. 2. Educação infantil. I. Villar, Bruna Heringer de Souza. II. Título.

21-72490 CDD: 372.21
CDU: 373.2

Meri Gleice Rodrigues de Souza - Bibliotecária - CRB-7/6439
ph2481.1

Este livro foi avaliado e aprovado pelo Conselho Editorial da Phorte Editora.

Impresso no Brasil
Printed in Brazil

A José Luis. Com seu especial dom de sexto sentido
e de intuição, soube trazer luz ao caminho.

Agradecimentos

A Enric Batiste, que soube ver terra onde só havia água.

À minha amiga brasileira e colega de trabalho, Tais Romero, por seu olhar inteligente e sensível vindo do outro lado do oceano.

Prefácio

Bastou começar a ler o novo livro de Beatriz Trueba que eu já soube que me cativaria. E assim o fez, porque este livro, aparentemente inofensivo, contém uma alta carga emocional e pedagógica. É um texto claro, organizado e preciso, dotado da força e do compromisso que caracterizam sua autora, repleto de entusiasmadas ideias, de possibilidades de mudança e de uma firme denúncia contra o anódino, o tedioso e o retrógrado que atacam a escola. Um livro escrito com ternura, com paixão e com o desejo imbuído de conseguir escolas belas, amáveis e harmoniosas, em todos os sentidos.

Aprecio que descreva os paradigmas que estão detrás (e embaixo) de nossas práticas como professores, e que nos sugira analisar nosso pensar, nosso dizer, nosso fazer e nosso sentir para procurar a coerência necessária.

Aprecio que proponha escrever o diário de classe, facilitador da reflexão cotidiana sobre a cintilante e maravilhosa vida que é desfrutada de forma contínua na escola.

Aprecio que nomeie, de maneira contundente e enérgica, os tempos roubados das crianças por não as deixar brincar, que diga que se deve derrubar os muros da escola e deixá-la respirar um ar mais livre, e que explique a desconsideração pressuposta em colocar as crianças para fazer tarefas absurdas com a finalidade de que corram, "adiantem" e adquiram algumas destrezas que pouco têm a ver com suas necessidades reais e com suas autonomias possíveis.

Aprecio que fale das brincadeiras, da lentidão, das caixas, da cultura da infância, dos álbuns, da criatividade, dos materiais provocadores, da arte, da escuta... Ou seja, da escola preciosa na qual eu também acredito.

Aprecio que exponha, no livro, da maneira mais "sinestésica" possível, sobre Babar e a respeito do pequeno Nicolau ao lado de teóricos de referência, desde Loris Malaguzzi, Jean Piaget, Lev Vygotsky, Constance Kamii, Maria Montessori, Penny Ritscher, Rafael Porlán, até amigos queridos como Alfredo Hoyuelos, Vicenç Arnáiz, Núria Jiménez, Mercè de Febrer, Alicia Vallejo... Que mistura tão explosiva e provocante! Aprecio, é claro, ver-me inserida e envolvida em seu capítulo quarto. Que bom lugar!

Algumas páginas fizeram-me deter para voltar a lê-las. Outras, fizeram-me acelerar a leitura, adentrada no fervor que me causava o tema e as boas conexões estabelecidas. E não faltaram as que me fizeram emocionar pela sensibilidade da autora, pela beleza de suas ideias e pelo amor à infância que se transluz em como ela sonha para as crianças espaços escolares tão deliciosos, divertidos e abertos como os que propõe na última parte do livro.

Que lindo presente, Beatriz! Quanto nos fará pensar! Muito obrigada por ter colocado em palavras suas investigações e seus desejos de uma escola criativa, alegre e harmoniosa. A escola com a qual você nos convida a sonhar.

Mari Carmen Díez

Professora e psicopedagoga especialista em

Educação Infantil pela Universidade de Alicante (Espanha)

Prefácio à edição brasileira

Feche os olhos e pense em sua música preferida. Agora, sinta o seu ritmo. Faça movimentos suaves e fale sobre a sensação que teve ao experimentar a harmonia que existe entre o pensar, o sentir, o falar e o fazer.

Assim como a música, que sugere a combinação sincrônica entre melodia, harmonia e ritmo, o livro *Espaços em harmonia*, de Beatriz Trueba Marcano, sugere-nos coerência entre a prática e a teoria, entre o falar e o fazer, entre o pensar e o sentir, entre ética e estética, entre materiais e experiências, entre espaços e equilíbrio, entre ser educador e ser educando.

Eu tenho o privilégio de falar com a Beatriz quase todos os dias; às vezes, somente para falar bom-dia ou para enviar uma foto do céu daqui e receber uma foto do sol de lá. Às vezes, para conversas mais profundas; às vezes, para rirmos de um acontecimento inusitado. Beatriz Trueba é harmonia pura, tem um brilho tão próprio e tão intenso que me provoca o desejo de saber mais, de querer mais.

Em 2019, eu atuava como coordenadora de um grupo de estudos sobre o registro reflexivo e propus aos professores que respondessem um questionário traduzido do livro *Espacios en armonía*, com a intenção de disparar uma reflexão sobre os paradigmas da educação, que, como escreveu a autora no Capítulo 3: o reconhecimento do próprio paradigma de atuação é um princípio de coerência.

Em 2020, em meio à pandemia e com o projeto *Dedo de Prosa* em andamento, as irmãs Abelleira convidaram a Beatriz para uma fala. Eu não podia acreditar: sem esperar, lá estava eu, conectada e próxima daquela educadora que, para mim, é uma das maiores referências. Que sorte a minha!

Quando a Editora Phorte fez o convite para o lançamento do livro no Brasil, o meu coração explodiu de alegria. A sua escrita é uma música que precisa ser escutada e sentida por todos os educadores curiosos, pesquisadores desacomodados e corajosos, porque, a cada capítulo, temos a oportunidade de nos deslocarmos da nossa zona de conforto.

Princípios educativos

O livro *Espaços em harmonia* nos convoca a pensar sobre a nossa prática com base em nove princípios educativos:

1. Significatividade e escuta
2. Identidade
3. Autonomia
4. Interação e comunicação
5. Diversidade
6. Habitabilidade
7. Estética e beleza
8. Ordem e equilíbrio
9. Complexidade e criatividade

Como escreveu Paulo Freire no livro *Pedagogia da Autonomia*: "Não haveria existência humana sem a abertura de nosso ser ao mundo, sem a transitividade de nossa consciência." Para mim, não deveria existir escola sem a transitividade por esses princípios.

Vivemos tempos estranhos, líquidos, apressurados, em que a Educação sofre as consequências da desumanidade, e, ao mesmo tempo, vivemos a esperança de novos começos, mais harmoniosos, coerentes e responsáveis.

Ler a coerência sob a perspectiva brilhante e generosa de Beatriz Trueba é um exercício que nos convoca à transformação.

Tais Romero
Pedagoga, mestra em Educação: Formação de Formadores
pela Pontifícia Universidade Católica de São Paulo.

Sumário

1

Ser professor: na proa do progresso

A vida espiritual representada esquematicamente é um grande triângulo agudo dividido em seções desiguais, com a menor e a mais aguda apontada para cima. Quanto mais para baixo, mais largas, grandes, volumosas e altas são as seções do triângulo.

O triângulo se move devagar, de maneira quase imperceptível, para a frente e para cima: onde "hoje" se encontra o vértice mais alto, "amanhã", estará a próxima secção. Em outras palavras, o que hoje é compreensível para o vértice mais alto e parece um disparate incompreensível ao resto do triângulo, amanhã, será conteúdo plausível e o sentido da vida da segunda seção.

Wassily Kandinsky, De lo espiritual en el arte
(Do espiritual na arte)

Fonte: Dávid Zubreczki – *blog* Urbanista.

Budapeste, 2003. Monumento em memória da Revolução Húngara de 1956.

Essa citação do célebre pintor nos remete a uma bonita metáfora visual, ao lento progresso da humanidade no transcurso dos tempos, à necessidade interior de ir em uma direção a um mundo melhor, à ânsia de superar a si mesmo, à vanguarda que puxa o resto do mundo como a proa de um barco e à remora que o freia, que tenta impedir seu empuxo em uma força de reação e de retrocesso.

Reflitamos por um instante sobre as superações e os progressos da humanidade em um sentido amplo e prolongado no tempo: em Medicina, Física, Matemática, Filosofia, Arquitetura, Ecologia, Artes, Educação etc., avança-se com base em modelos que, pouco a pouco, vão se tornando obsoletos e cedem caminho a outros, que superam os anteriores e dão a pauta ao futuro.

Em todos os campos, há um princípio de dualidade, de progresso e de reação. Ambos se encontram em eterno confronto, pois são as forças de ação e de reação que fazem o mundo se mover. Pensemos, apenas como um breve exemplo, no salto paradigmático que os avanços na área da Física Quântica estão supondo ao questionarem tudo o que se acreditava firmemente como estabelecido. E isso acontece não só nas ciências físicas, mas também nas profundas repercussões que essas descobertas representaram a outras disciplinas como a Filosofia, a Arte, a Religião... e, também, a Educação.

As descobertas que são o motor de uma mudança, em geral, são feitas por apenas uma pessoa ou pequeno grupo, a quem podemos definir como pioneiros. Estes são incompreendidos para o resto do mundo em um primeiro momento e, muitas vezes, considerados loucos pela maioria. Há exemplos disso em todas as áreas: Galileu Galilei, Nicolau Copérnico, Leonardo da Vinci, Ludwig van Beethoven, Vincent van Gogh, Pablo Picasso... Eles e muitos outros foram, no início, rejeitados, para, posteriormente, passar a ser objeto de tributo e de veneração. A humanidade apenas ainda não estava preparada para eles.

No campo da Educação e, em particular, na Educação Infantil, os progressos são palpáveis. Somente temos que pensar na situação em que se encontrava a infância e o conceito de educação há apenas cem anos. Com certeza, ainda falta muito a ser feito pelo reconhecimento da infância como cultura e seus direitos, e transcorrem tempos obscuros, em que avança uma aculturação generalizada a favor de conceitos mercantilistas, tecnocratas e homogeneizadores. Além disso, os ganhos e os avanços se dão de modo muito desigual. Infelizmente, são muitos os países do mundo em que os direitos mais básicos das crianças seguem vulnerabilizados em todos os sentidos. Por isso, é vital que os países que consolidaram e defendem os direitos da infância sirvam como referência e consciência para os demais.

Porém, o triângulo avança, lento e imparável. Traz esperança comprovar que as pessoas e os estamentos que trabalham positivamente a favor da infância mantêm-se inquietos, alertas, em constante processo de evolução e de descoberta, iluminando e inspirando muitos.

Seguimos progredindo também nos âmbitos de correntes educativas consolidadas, fazendo-nos perguntas sobre o que parece estabelecido para abrir novas fronteiras em direção ao amanhã. Assim, por exemplo, as teorias piagetianas, aceitas sem discussão até poucos anos, já estão em permanente revisão. Aventurando-nos em novos conceitos de infância, rompendo moldes que a classificam, que a fecham, em plena confiança da inteligência crescente de meninos e meninas, cujas fronteiras são desconhecidas e das quais nos falta tanto a descobrir.

Em um mundo que muda rapidamente, é certo que os sistemas educativos serão, no futuro, muito distintos dos que conhecemos hoje em dia. Os saberes em distintos âmbitos tendem a se relacionar em uma estreita rede de interciências para confluir em avanços cumulativos.

O que nos inspira na citação de Kandinsky é nos situarmos em consonância com o melhor em nós mesmos, e, também, com o estudo e a investigação, de modo que trabalhem em harmonia em nosso modelo ideal interno, com nossos desejos de progresso e de amor ao conhecimento. Para relacionar mente e coração em coerência, de modo aberto e receptivo, com o desejo investigador e valente, sem temor à mudança nem à pressão do pensamento majoritário. Não importa tanto o ponto de que partamos, mas, sim, o fato de progredirmos de nossas profundas inquietudes.

Não deveríamos sermos nós, os docentes, um grupo sempre na proa do progresso, da investigação, da paixão por empreender caminhos e buscar terras para descobrir? Nosso lugar não está entre os que tentam frear o avanço do triângulo. Tampouco nas seções mais amplas deste, terreno do conformismo e da indiferença. Ali, situam-se os valores reacionários, do retrocesso, que está destinado a desaparecer por ser obsoleto e inútil.

Sigamos o impulso da saudável transgressão, que nos leva a questionar, inclusive, nossas aparentes convicções.

Ser transgressor:

- ao esquecer objetivos, por exemplo, metas e resultados a cumprir, que barram a entrada da vida nas escolas;
- ao abrir os materiais curriculares ao mundo e desprender-se do lastro de cartões e caderninhos de atividades;
- ao incorporar a estética e a arte aos ambientes escolares;
- ao permitir que tempos longos e tranquilos penetrem nos muros das escolas, sem deixar que sejamos escravizados para a consecução de resultados;
- ao contemplar a cultura da infância de um ponto de vista antropológico.

É curioso comprovar que, em determinados países, em especial os do Norte da Europa, procura-se um perfil de professorado inovador, aberto, curioso, que viaje e conheça diversas culturas, que contemple opções criativas e soluções em campos não apenas educativos, e que projete, ao futuro, as melhores ideias do presente.

As razões disso residem na tomada de consciência da enorme responsabilidade que temos nós, os docentes, como transmissores de valores às gerações futuras. Professores inquietos, livres, que incitem ao pensamento crítico, ensinem a aprender, a gerar perguntas ante as diferentes situações, a ter curiosidade, a se deter para observar, a viver os tempos longos e tranquilos que ser criança requer, a estar e desfrutar com os outros, a buscar caminhos em vez de resultados... Eles e elas transmitirão esses princípios a meninos e meninas com os quais convivam.

Tratar-se-ia, resumidamente, da vocação de ser e se sentir professor e professora em conexão com nossos melhores desejos de um futuro melhor. É a nostalgia do futuro, da qual nos fala Malaguzzi, em íntima relação com a paixão e a alegria de viver.

Quando, de forma intencional e criativa, escutamos as crianças e devolvemos com perguntas suas respostas, em uma rica circularidade, nós nos indagamos se, como adultos e docentes, há muitas respostas a nossas perguntas internas ou a uma só? Nós nos atrevemos a ir um pouco mais além?

Propostas de atuação em direção à coerência

A intenção deste livro é oferecer tanto elementos de reflexão quanto materiais de trabalho. Pautas práticas que favoreçam a análise individual e de equipe para a criação de um modelo pessoal, por meio da tomada de consciência coerente com nossa imagem de infância, a fim de conectá-la à ação diária.

Com base em uma sincronicidade entre o fazer, o dizer, o pensar e o sentir, analisaremos, em primeiro lugar, os paradigmas teóricos que nos influenciam, com uma proposta prática de autoanálise sobre eles. A seguir, propomos a aplicação do diário de classe como eixo para revelar nossa imagem real da infância. Essa imagem seria o ponto de partida no qual se trataria de estabelecer uma série de princípios educativos que seriam a base para organizar o ambiente e as intervenções educativas.

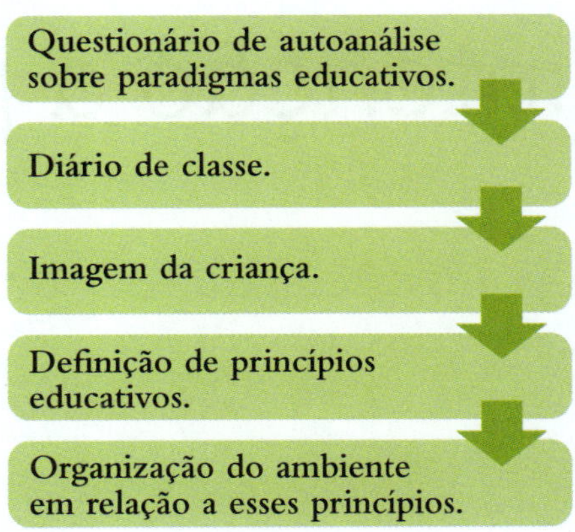

Passos para um processo até a coerência.

2

A contradição educativa: da intenção à prática

Um visitante invisível passeia por uma escola vazia. As crianças e seus professores ainda não chegaram. Passa por uma entrada com um balcão, um banco, cartazes com avisos para as famílias, um corredor com cabideiros e abre a porta de uma sala em que, do lado de fora, há um cartaz: *"Os dragões: 4 anos"*. Na entrada da sala, há um espaço com um tapete e um mural na parede com alguns cogumelos em forma de casinha e um gnomo. Há, também, alguns círculos cromáticos. Debaixo de cada cogumelo, os dias da semana. Ao lado, os nomes das crianças. Do outro lado, está a mesa da professora e, junto dela, quatro mesas de seis assentos cada uma. Em cima da lousa, há gravuras com bonecos e personagens de desenhos animados: Zé Colmeia, Mickey, Branca de Neve... Em volta da parede, há estantes com quebra-cabeças e dois móveis: um contém os livros de cartões das crianças, pastas, arquivos e classificadores com o nome; no outro, há tudo o que precisam para trabalhar com os cartões – tintas, tesouras, furadores, cola, adesivos... Em um lado separado por um móvel, está escrito "canto de leitura", com uma estante alta, em que estão todos os contos. Há um mural com as vogais e os números...

O que nos sugere essa descrição? O que esse visitante pode deduzir que se desenvolve nessa sala? Percebe homogeneidade ou diversidade? É um espaço rico, com diversas propostas? É comunicativo? É bonito? É afetuoso e acolhedor? Reflete a identidade de seus usuários? Favorece a autonomia? Sem palavras nem ações explícitas, esse espaço transmite, silenciosamente, muitas mensagens sobre a ação e a intenção educativa que se desenvolve a cada dia nessa sala e nessa escola.

Contudo, é possível replicar que o observar dos espaços de uma escola nos oferece uma visão parcial, apenas uma dimensão da ação diária. Então, se esse visitante observasse a professora e as crianças na sala, teria uma perspectiva completa do que supõe que a escola faça? É a dimensão externa do visível e do tangível o que nos define como professores? Certamente, não. A realidade nunca é o que parece, pois há diferentes perspectivas em cada ponto de vista. É como um caleidoscópio ao se aproximar em um jogo de imagens múltiplas.

"Perfil ou montanha? A realidade não é o que parece".
Antequera, Málaga (Espanha). Peña de los Enamorados.[1]

Fonte: acervo particular da autora.

[1] N. da T.: Penha dos Apaixonados, em tradução livre.

Transpor abismos entre pensamento e ação: o fazer, o dizer, o pensar e o sentir

> Na ausência de reflexão consciente, a docência, sem saber, reproduz, de forma acrítica, um modelo de escola, não pelas vantagens argumentativas que poderia ter, mas, sim, simplesmente porque ativamos determinados roteiros de ação de maneira automática. Isso é uma das causas, embora não a única, da enorme resistência que tem a cultura escolar a evoluir como resultado de processos de inovação.
>
> *Rafael Porlán, Universidade de Sevilha*

As ocupações educacionais são como um prisma que pode se contemplar de muitas facetas.

Existe uma primeira imagem da ação educativa, que é a mais visível, e tem a ver com *o fazer*. Poderíamos nos perguntar, de um modo geral, o porquê de nossas tarefas como docentes: Por que fazemos o que fazemos? De onde vêm nossas práticas e rotinas? De quem? De onde? Como as aprendemos?

De modo mais concreto: por que é tão difundido em nosso país, por exemplo, que meninos e meninas façam todos a mesma coisa ao mesmo tempo? Por que se ensina o fácil antes do difícil? Por que se corta e se recorta com tanta assiduidade? Por que se corrige as tarefas de um em um? Por que se "ensinam" as cores? Por que se dá tanta importância a conseguir objetivos? Por que o currículo inteiro gira em torno de determinados centros de interesse? Por que se passa da explicação verbal à atividade? Por que grande parte das tarefas nas escolas se baseiam em livros de cartões? Existem razões com fundamento em teorias formais que garantem essas práticas tão assentadas na Educação Infantil ou são, antes, fruto de uma transmissão por costume e de procedência incerta?

Se refletirmos sobre os possíveis porquês, nós nos daremos conta de que, talvez, em muitos casos, adotamos as aprendizagens que outros nos transmitem, assumindo que se trata do melhor dos caminhos: nossos colegas, nossos antigos professores, imagens da infância enraizadas em nosso subconsciente que dão origem a práticas nem sempre refletidas.

Há outra faceta de nosso trabalho que tem a ver com *o dizer*. Conduzimos com facilidade termos como construtivismo, criatividade, autonomia, globalização, inteligências da criança, escuta, diversidade, interculturalidade, aprendizagem significativa, entre outros, que são um pouco como os "*hit parade*" da educação. Termos em voga que se movem conforme os tempos mudam, que nos chegam dos cursos, dos livros que lemos, dos documentos oficiais, dos seminários... Palavras que estão presentes em nossos projetos educativos, em nossos currículos, que nos fazem sentir seguros e atualizados, sobre as quais, sem dúvida, refletimos atentamente e colocamos nosso melhor empenho em compreender e em assimilar com base na razão e na lógica. Todavia, em muitos casos, esses termos não nos conectam com nossa prática real, com nosso fazer, nem provocam mudanças autênticas em nossas práticas diárias. Qual pode ser o motivo? Talvez porque os adotamos e os adaptamos – assim como, em muitas circunstâncias, adotam-se e adaptam-se modos de aprendizagem, como cantos [de leitura, do teatro etc.], oficinas, programação por projetos etc., quase como receitas externas que alguém pode escolher ou deixar de lado, tais quais modas passageiras suscetíveis ou não de se adaptar ao nosso modo de "fazer escola".

Quando, em muitas ocasiões, tentamos incorporá-las ao nosso dia a dia, costumamos fazer de fora para dentro, e não ao contrário. Muitas vezes, de forma um tanto forçada, externa ou, ainda, sem relação com nossas práticas estabelecidas, conduzindo a retrocessos e a inseguranças que nos fazem pensar: "para mim, isso não serve". Contudo, como dizem Maite Masés e Maria José de Molina: Compartilha-se um nome ou uma concepção de aprendizagem?

É importante entender que determinadas características concretas do desenvolvimento do currículo não são aspectos nem fatos isolados, mas, sim, respondem a uma filosofia educativa muito mais ampla, que é o que lhes dá sentido, dentro de um contexto teórico. Os exemplos citados, como metodologia de projetos, trabalho por cantos,[2] oficinas etc., não são, em si, receitas isoladas, mas, sim, expressões concretas de uma filosofia educativa determinada.

Outro nível ou faceta de nossa prática está *no pensar*. Há muitas imagens ocultas em nós mesmos, pontos de vista sobre a infância, as crianças, as famílias, o *status* social, as perspectivas educativas, os afetos, as preferências, a comunicação com os pais, as mães e os colegas, que nem sempre são reveladas, que não se expressam de forma verbal e que têm muito a ver com nossa maneira de ver o mundo, muito além da escola, e fazem parte de nossas opiniões pessoais sobre a vida, a ecologia, a política, o sexo, a moral, a religião, a sociedade etc. É nosso currículo oculto, que influencia de forma direta e certeira em nossa ação docente, tanto se formos conscientes disso quanto se não. Modela-se e reflete-se em gestos, comentários e atitudes, mesmo sem explicitá-los de forma clara. Nosso modo de trabalhar está conectado à nossa visão do mundo. E, tendo em vista que a época histórica que nos coube viver é filha de muitas mudanças e correntes de pensamento, nós somos diretamente influenciados por tudo isso, que, por sua vez, reflete-se em nosso entorno, naturalmente, em nosso conceito de criança e, por conseguinte, em nossa forma de estar na escola. Constitui um paradigma vital e, também, educativo.

E, por último, há um fator do prisma que nos dá uma nova perspectiva, mais oculta, e se refere *ao sentir*. É o que conecta com nosso caráter, nossos afetos mais profundos, nosso modo natural de ser e reagir, nossas paixões, nossos anseios, nossa intuição, nossas emoções – alegria, felicidade, tristeza e tensões – e todas nossas reações vitais. Tudo isso está conosco todo dia na

[2] N. da T.: o trabalho por cantos, na Educação Infantil, implica planejar e dividir o espaço, em que cada canto esteja bem-delimitado e, em geral, com esse espaço fixo bem-sinalizado, de modo que as crianças reconheçam qual seria o tipo de espaço e sua função.

escola e está presente em nossa ação de forma indissolúvel, embora, muitas vezes, tentemos deixar na porta da escola, pensando, de maneira ilusória, que podemos ser observadores quando, na verdade, somos participantes. Malaguzzi nos recorda de que os encontros que temos na escola estão sempre marcados, contaminados por essas experiências. São, no final, nossa energia e nossa emoção que nos acompanham.

Coerência educativa.

Por uma sincronicidade entre conteúdo e forma: superando contradições entre a intenção e a ação

> Com a sincronicidade como ponto de partida, é possível começar a construção de uma ponte que atravessa os mundos da mente e da matéria, da física e da psique.
>
> *D. Peat (1987)*

Enquanto essas facetas em um docente estejam atuando de forma desconexa em vez de uma engrenagem fluida, não poderemos abordar uma aprendizagem "con-sentida" e "com-prometida" (sentir e prometer para consigo mesmo e os demais). É importante conectar e sintonizar todas essas partes com coerência, o que começa com a autoanálise, sendo conscientes de nossas próprias contradições para provocar uma superação e avanço em direção à harmonia.

Todas essas perspectivas distintas de uma mesma realidade nos colocam ante perguntas essenciais: Até que ponto estão conectados nosso fazer, nosso dizer, nosso pensar e nosso sentir? É plausível acreditar que possamos trabalhar sem conectar a intenção e a prática, o pessoal e o público, o individual e o coletivo, o racional e o emocional?

A objetividade e a subjetividade não estão censuradas, fazem parte de um todo único. Não podemos picotar nossa personalidade e aplicar cada parte ao cenário vital que mais convenha, porque somos um todo indivisível. Por isso, uma atividade não é suscetível de ser exportável a qualquer sala de aula, para ser realizada por qualquer docente, sem importar a quais meninos e meninas será destinada. Antigos modelos já não nos servem para um mundo novo, mutável. Pelo contrário, as ações em nossas escolas hão de surgir e estar interligadas intimamente com a personalidade e os interesses particulares daqueles que as habitam. As novas correntes de pensamento e de ciência nos recordam de que não estamos no mundo, mas "o somos", e que há uma dança que conecta intimamente todas as coisas como um todo inseparável. Estamos acostumados a pensar em forma de causalidade mecanicista, acreditamos que um efeito tem apenas uma ou muito poucas causas e valorizamos mais a observação objetiva, tendendo a não levar em conta o subjetivo como valor. Porém, a física quântica nos ensina que, na verdade, "a causa de qualquer coisa é todo o restante".

Integremos, pois, e não desdenhemos nossos sentimentos, emoções e intuições em detrimento de nossa razão e lógica para ter uma visão mais rica e completa de nossa realidade.

Um problema grave da escola é a falta de tempo para nos determos a pensar sem pressa. A urgência de soluções concretas nos afasta da reflexão. Mas é essencial e importante trabalhar com base em um princípio de coerência, que conecte nossas diferentes facetas como docentes.

Não existe uma prática educativa que não esteja conectada a uma ideologia que sustente sua essência. As práticas jamais são neutras. De igual modo, as teorias educativas se expressam em alguns modelos educativos. Os contextos e o espaço da escola refletem esses modelos. Os materiais curriculares que selecionamos diariamente também refletem uma ideologia subjacente. Forma e conteúdo estão conectados. Toda prática, por mais banal que pareça, está sintonizada a uma teoria, a uma ideologia educativa, da mesma forma que toda teoria se expressa em algumas práticas específicas.

Por tudo isso, sempre que atuamos como docentes na escola, devemos saber a quem ou ao que estamos dando voz. De outro modo, nós nos converteremos em veículos da intenção de outros. Mas de quem?

Quando, por exemplo, utilizamos determinados materiais, como os livros de cartões, procuramos suas intenções de conteúdo, para que ou a quem servem, a quem dão voz? Não seriam, na verdade, materiais alheios à cultura da infância, que servem para tranquilizar as famílias e que transformam os docentes em meros executores passivos de uma educação baseada no adestramento, materiais que têm um único fim econômico e, como os homens cinzentos de Momo,[3] roubam o tempo da infância?

Como podemos permitir que assolem nossa liberdade, nossa paixão por nosso trabalho, a expectativa de ir todo dia para nos encontrarmos com as crianças e com nossos colegas, para descobrirmos, juntos, territórios desconhecidos? Não podemos permitir sinistros intrusos em nossa ação profissional e que se apoderem do tempo irrecuperável da infância.

[3] N. da T.: referência ao livro de literatura infantojuvenil *Momo e o senhor do tempo*, escrito por Michael Ende. Conta a história de Momo, uma menina órfã que escolhe viver em um anfiteatro abandonado, na periferia de uma vila. Momo tem muitos amigos por uma grande qualidade sua: saber ouvir as pessoas, sendo amiga de crianças, mas também adultos. A vida na vila muda com a vinda dos homens cinzentos da Caixa Econômica do Tempo. Eles ludibriam as pessoas, fazendo-as acreditar que estão economizando tempo ao não se dedicarem ao lazer, à família e aos amigos, em um discurso capitalista sedutor. Os homens cinzentos são representados de forma caricaturesca, remetendo a tudo que envolve o industrial, o atual, o dinheiro e a pressa. Momo é a única que não consegue ser afetada e que pode salvar seus amigos. A obra, por meio de uma linguagem simples, entra na óptica infantil, propondo reflexões sobre a vida urbana e o consumismo.

Intrusos que demandam, como tiranos, ações repetitivas, estereotipadas e carentes de sentido, afastando nosso fazer de nossa intenção, nosso pensamento de nosso coração. Devemos estar, mais do que nunca, atentos a esses "lobos em pele de cordeiros", que vendem uma patética modernidade colorida de tédio, apenas para satisfazer interesses crematísticos.[4] É nossa liberdade docente que está em jogo e, portanto, a felicidade e o bem-estar profundo de nossos meninos e de nossas meninas.

Sem dúvida, é inevitável, é humano que exista distância entre nossa intenção e nossa ação, entre o que gostaríamos de fazer e o que realmente fazemos. Porém, tentar transpor ou diminuir esses abismos seria o princípio da coerência educativa, que compreende e define o bom fazer pedagógico. Porque a questão, na verdade, é: O que é ser uma boa professora, um bom professor? Seguir linhas inovadoras, progressistas? Cumprir objetivos? Cobrir parâmetros de qualidade? Realizar muitas tarefas? Forçar avanços em direção ao "êxito"? Certamente nada disso, mas, sim, algo muito mais simples e, ao mesmo tempo, complexo: é a coerência que nos faz ser melhores professores.

[4] N. da T.: a Crematística, do grego *khrematistikós* (financeiro; relativo à riqueza) é a ciência da produção das riquezas. É um conceito aristotélico que revela a busca incessante da produção e do acúmulo de riquezas por prazer, ou seja, é a busca individual de prazer em acumular riquezas sem preocupação com as consequências, sendo da natureza de sua prática inúmeras estratégias de ação nocivas, como a especulação financeira e a degradação socioambiental.

3

Reconhecimento do próprio paradigma de atuação como princípio de coerência

Do individual ao coletivo

Sabe-se que, em grande parte dos casos, aprende-se a ser professor sendo-o, isto é, não se aprende a ocupação docente na universidade ou nas escolas de magistério como se aprende na prática diária. Isso que, à primeira vista parece uma banalidade, tem consequências importantes no que demanda o exercício da profissão. Os colegas mais próximos costumam ser os que aconselham ao "professor novo", oferecem métodos, ou seja, atuam como transmissores de condutas majoritárias, padrões que nós, professores, estamos acostumados a interiorizar de forma pouco reflexiva.

> Esse processo de socialização profissional gera a crença de que as condutas constituem a "maneira natural de ensinar", desconhecendo que essas práticas, supostamente "naturais", são suscetíveis a serem analisadas e categorizadas e, portanto, submetidas à revisão crítica. Isso quer dizer que provoca a ilusão de que ensinar é uma prática desvinculada de qualquer teoria e de que as teorias educativas não são relevantes para a prática do ensino. (Porlán e Martín, 1991)

Também há outras influências que chegam de diferentes tempos e lugares: as lembranças dos professores que tivemos na infância, nossa imagem ideal do que é ser professor e que está intimamente interligada à nossa emoção, à vocação e à razão profunda que nos levou a escolher essa profissão, à nossa imagem interna de criança, da infância, imagens que também chegam da literatura ou do cinema... Tudo isso são reflexos internos e externos que residem em nosso interior, mas também conectam de forma ressonante com os diferentes modelos e ideias que residem no substrato coletivo social, como um subconsciente comum que inunda e influencia nosso modo de ver a vida e, portanto, nossos modelos educativos.

Caminhar em direção à coerência, até a conexão entre a intenção do pensamento e da ação, requer um processo de interiorização, de análise e de reconhecimento dessas concepções que nos afetam: em resumo, revelar os paradigmas educativos que, de um modo mais ou menos consciente, influenciam-nos.

O que é um paradigma? Entende-se por paradigma um modelo ou padrão de um conjunto de crenças, ideias ou pensamentos que influenciam o desenvolvimento de uma sociedade e que estão integrados e influenciados pelos âmbitos econômico, intelectual, tecnológico, científico, cultural, artístico e religioso, e que, ao serem aplicados, podem sofrer modificações ou evoluções, de acordo com as circunstâncias para o benefício de todos.

Por que os paradigmas têm importância? Em que sentido nos concernem? Basicamente, porque estão unidos a uma imagem interna e inundam, contaminam todas as nossas ações. Assim, é importante reconhecê-los, não para julgar nossa ação, mas, sim, para poder avançar na sincronicidade entre nossa intenção expressa e nossa prática ativa.

Crenças e correntes ideológicas de influência

É uma ilusão acreditar que nossas crenças pertencem apenas a nós, que cada um de nós está motivado por valores individuais, sem conexão com os demais. Vivemos em um lugar concreto do mundo e em determinado tempo histórico, que nos movimenta individual e coletivamente, em forma de complexo ecossistema, também no que diz respeito às ideologias e às crenças.

Quais são as correntes de pensamento que, como docentes e como indivíduos, movem-nos?

As influências às quais estivemos e estamos sujeitos como docentes são muito diversas, em especial, em um contexto histórico de características tão peculiares como o de nosso país [Espanha], em nossa época. Por isso, somos filhos de padrões sociais muito diferentes, quando não diametralmente opostos.

No início do século XX, as ideias da pedagogia progressista e da metodologia ativa se estenderam pela geografia europeia, com pensadores e pedagogos insignes como Célestin Freinet,[1] Jean-Ovide Decroly,[2] Maria Montessori, irmãs Agazzi...[3] A Espanha protagonizou também movimentos de progresso e de vanguarda pioneiros em toda a Europa: a Instituição Livre

[1] N. da T.: pedagogo anarquista francês, identificava-se com o movimento da anticonservadora Escola Nova. Freinet acreditava em uma escola em que professor e aluno estivessem no mesmo nível de igualdade. Dedicou sua vida com o objetivo de criar uma nova educação, elaborando técnicas em torno da atividade cooperativa e canais da livre expressão, pois sua preocupação era a formação de um aluno como ser social atuante no presente. Queria transformar a escola, por acreditar que era nela que se manifestavam as contradições sociais. Uma de suas propostas didáticas foi a aula-passeio. Criou, também, a imprensa na escola, respondendo à necessidade de trazer para a sala de aula a vida "de fora", diminuindo a distância entre escola e sociedade. Criou a pedagogia do trabalho, a do êxito e a do bom senso. Serviu de grande inspiração ao pedagogo italiano Mario Lodi, pois valorizava muito o envolvimento afetivo no aprendizado, tanto por parte do professor quanto do aluno.

[2] N. da T.: pedagogo belga que defendia a universalização do ensino. Exerceu forte influência na pedagogia de Célestin Freinet, por defender o aprendizado prazeroso, que responde aos (centros de) interesses do aluno.

[3] N. da T.: Rosa e Carolina Agazzi, pedagogas italianas, procuraram criar um sistema educacional baseado no respeito à liberdade das crianças, à sua autonomia e à criatividade que desenvolvem, concentrando-se, sobretudo, na participação ativa da criança, de seus interesses e de suas habilidades. Os princípios primordiais do método envolvem a relação com o ambiente familiar, o conhecimento por meio da observação e a valorização da alegria na aprendizagem. Seu trabalho tinha como ponto de partida os métodos pedagógicos desenvolvidos por Friedrich Fröbel (pedagogo criador do que se considera o primeiro jardim de infância), na Alemanha, que tinha como premissa o desenvolvimento intelectual e afetivo da criança de forma contínua e ininterrupta.

de Ensino, com Giner de los Ríos,[4] a Escola Moderna, com Ferrer i Guàrdia,[5] e outros pedagogos e professores, tanto reconhecidos quanto anônimos que, com espírito progressista, foram os que iniciaram um caminho em direção a uma nova escola. Isso se viu bruscamente detido com a chegada da ditadura franquista, que sequestrou a memória pedagógica da República,[6] apagou com impunidade e violência toda referência a esse modelo exemplar de progresso pedagógico, referente europeu, moderno e à frente de seu tempo, e impôs um modelo único, ancorado em uma escola autoritária, com valores reacionários de pensamento único e obediência ao Estado e à Igreja. Isso não apenas cortou friamente todos os avanços e as pesquisas de renovação pedagógica que estavam em desenvolvimento antes e ao longo da Segunda

---

[4] N. da T.: Institución Libre de Enseñanza, no original. Instituição fundada em 1876, em Madri, por um grupo de professores universitários contrários a ajustar seus ensinamentos a qualquer dogma religioso, político ou moral, e tinha a direção de Francisco Giner de los Ríos. Como premissa, queria despertar em seus alunos interesse por uma cultura em geral, formando-os para a vida, como indivíduos. Um espaço em que se procurava ensinar a aprender a refletir, procurar, solucionar, e que valorizava o trabalho desenvolvido fora da sala de aula, com o apoio da família. Em seu estatuto, declarava que era alheia a todo interesse religioso, ideologia ou partido político, deixando claro o direito à liberdade acadêmica e à inviolabilidade da ciência, e o respeito à consciência individual. O ensino era concebido como contínuo, e as disciplinas eram ensinadas de forma paralela e conjunta. Muitos de seus ideais inspiraram a escola da Segunda República.

[5] N. da T.: Escuela Moderna, no original. Foi um movimento pedagógico fundado em 1901 por ativistas anarquistas, na Catalunha, dando origem à pedagogia libertária do início do século XX, inspirado pela filosofia de ensino do pedagogo catalão Francesc Ferrer i Guàrdia. Em geral, a Escola Moderna vinculava-se a sindicatos operários, intelectuais e ativistas, e em todos os países em que se instalou, entre eles, o Brasil, encontrou a oposição das autoridades. Seu ensino era laico, de base científica, racional e libertária, sendo contrário ao ensino tradicional e violento, que costumava estar interligado às instituições religiosas. Prezava por um ensino que se adaptasse às necessidades da criança e da primeira infância, que eram inexistentes nas instituições da época. As Escolas Modernas tinham grande ligação com as artes modernas, e também ministravam cursos noturnos para a educação de adultos. No Brasil, há uma lista de escolas fundadas com esses ideais de educação libertária, de 1909 a 1920; entre as mais de dez cidades, estão São Paulo, Rio de Janeiro, Fortaleza, Belém, Porto Alegre e Salvador.

[6] N. da T.: a ditadura do general Francisco Franco, instaurada em 1939 na Espanha, acabou com as práticas escolares difundidas na Segunda República, entre elas, um ensino público, gratuito e laico, com uma metodologia que aproximasse escola e sociedade com práticas pedagógicas de cunho humanista, de valorização da ciência e da experiência do indivíduo. Os professores republicanos foram os primeiros a serem perseguidos pela ditadura, e as escolas rapidamente tiveram suas práticas trocadas, com o apoio da Igreja, empregando um ensino totalmente oposto ao anterior, de cunho religioso e autoritário.

República como também supôs um retrocesso irrecuperável e ofuscou todo o panorama pedagógico existente com características reacionárias que influenciaram gerações de professores. Mais adiante, esse modelo se revestiu de nuances tecnocratas, em uma tentativa de modernizar o discurso tradicionalista, objetivando uma escola eficaz, sem abandonar a imposição de valores retrógrados unidos à ideologia política e religiosa dominante.

Os ares de mudança e renovação pedagógica profunda chegaram a partir dos anos 1970,[7] e a escola, sobretudo a pública, começou a ser um caldeirão de inquietudes e iniciativas. Na década de 1960, na Europa e na América, surgiram movimentos com exigências de mudança e renovação social em todos os estamentos da cultura. No campo educacional, figuras como Ivan Illich,[8] Alexander Neill,[9] Paulo Freire, Bruno Munari,[10] Mario Lodi[11] e tantos outros inspiraram novos caminhos de escola aberta. Nosso país não esteve alheio a essas correntes e, desde então, surgiram numerosas iniciativas de escola de vanguarda, de renovação, de mudança e de reflexão. Em algumas

[7] N. da T.: perto do fim da ditadura franquista, que acabaria com a morte de Francisco Franco, em 1975.

[8] N. da T.: importante crítico e pensador austríaco. Criticou inúmeras instituições da cultura moderna, entre elas, a escola. Acreditava que a escola e a educação, como até então concebidas, eram um instrumento de formação para perpetuar a exploração e a exclusão social, eternizando a dominação e o poder da classe vigente, sendo um mecanismo de controle do sistema capitalista.

[9] N. da T.: escritor, pensador e educador progressista escocês, pensava na escola tradicional como repressora, justamente por nascer dentro do sistema capitalista. Defendia a felicidade da criança, sendo, em sua visão, que esse ato tem um papel fundamental durante sua aprendizagem; um ambiente livre e espontâneo geraria, na criança, felicidade e, portanto, aprendizagem.

[10] N. da T.: artista, *designer*, escritor e ilustrador milanês. Participou do movimento futurista e do movimento de arte concreta na Itália, sendo agraciado por muitos prêmios importantes em sua vida. Suas ideias confrontavam as concepções de senso comum, tendo como premissa a importância da criatividade e da criação com base em ideias ou inspiração repentinas, sem se dissociar, no entanto, dos conhecimentos sobre metodologia na construção de um objeto. Dedicou-se intensamente às atividades didáticas.

[11] N. da T.: pedagogo italiano. Desenvolveu seu trabalho educativo durante décadas em várias escolas primárias italianas e pertencia ao grande coletivo de docentes italianos Movimento di Cooperazione Educativa (MCE). Suas práticas redesenharam o valor educativo da escola, mudando seus aspectos e métodos. Sua metodologia de observação participante da realidade e mistura da fantasia para a criação de histórias carecia de tempo, que é justamente o que a autora também irá destacar nas páginas deste livro: o tempo de cada criança, que é autora dessas histórias e tem o professor como coautor.

ocasiões, houve confrontos em busca de caminhos novos de liberdade, priorizando a negação de tudo aquilo que apontasse ao conservadorismo de épocas anteriores, navegando, muitas vezes, em águas na direção[12] incerta.

Com a chegada da reforma educativa e da LOGSE,[13] nos anos 1990, consolidaram-se muitos projetos iniciados, fomentou-se o intercâmbio profissional, motor de inquietudes e talante investigador, e se abriram novos discursos de reflexão sobre o ensino e a aprendizagem: as escolas piagetianas, o pensamento de Vygotsky, Bronfenbrenner,[14] Ausubel,[15] Bruner, Malaguzzi, assim como a institucionalização da formação do professorado. Tudo isso estabeleceu as pautas de novos paradigmas de aprendizagem significativos e coparticipativos. A Educação Infantil, sempre pioneira, encabeçou muitos projetos de inovação nas últimas décadas, com um professorado aberto, investigador e claramente vocacional, sendo os artífices de muitas mudanças e progressos em nossa complexa etapa.

Na última década, no entanto, correm tempos críticos, em um mundo mutável, de sombras incertas, tempos de crise, não só na economia, mas também na saúde, na política, na religião, no meio ambiente, na cultura, na educação e no pensamento, o que se traduz em uma crise das relações humanas

[12] N. da T.: no original, "*tanteo*". Aqui, possivelmente, a autora quis fazer algum trocadilho com a palavra, pois "*tanteo*" pode significar tanto o ato de tatear algo no escuro, a fim de encontrá--lo, como também examinar e/ou refletir sobre algo com cuidado e, por fim, pode se referir à metodologia por tentativa e erro.

[13] N. da T.: Ley Orgánica General del Sistema Educativo (Lei Orgânica Geral do Sistema Educacional), de 3 de outubro de 1990, promulgada pelo PSOE (Partido Socialista Obrero Español – Partido Socialista Operário Espanhol), que substituiu a Ley General de Educación, de 1970, vigente desde a ditadura franquista. Instaurou uma reforma educativa, instituindo uma gestão democrática e descentralizando o ensino, dando às comunidades autônomas permissão para gerir e poder ajustar uma parte de seus conteúdos curriculares. Modificou inúmeras diretrizes educativas, de acordo com o novo governo democrático. Foi substituída pela Ley Orgánica de Educación (LOE – Lei Orgânica de Educação), de 2006, que sofreu algumas modificações, a última em novembro de 2020, com a nova Ley Orgánica de Modificación de la LOE (LOMLOE – Lei Orgânica de Modificação da LOE).

[14] N. do E.: o psicólogo Urie Bronfenbrenner é conhecido pela sua teoria dos sistemas ecológicos, modelo de desenvolvimento humano para pesquisas em ambientes naturais, em que o indivíduo interage com diversos contextos de níveis variados na sociedade.

[15] N. do E.: o estadunidense David Ausubel foi um psicólogo da educação cuja teoria tem foco na aprendizagem cognitiva.

e afetivas, tanto no público quanto no privado. Valores e direitos humanos que acreditávamos sólidos, permanentes, que custaram um longo tempo conseguir e que, hoje, estão em uma grave situação e em descrença.

A educação não está alheia a essa inquietante situação. O aumento dos valores tecnocratas, de obtenção rápida de resultados em uma sociedade que se deseja bem treinada em valores materiais e produtivos, em detrimento de modelos harmônicos, sociais, ecológicos, globais e interativos, é um cenário que, com preocupação e inquietude, vemos crescer à nossa volta.

Também a Educação Infantil atravessa momentos difíceis nesse panorama confuso e desagregado. O que outrora acreditávamos ganho, hoje, está nas sombras. A coesão que, como coletivo, ainda por cima de discrepâncias ideológicas, diferentes realidades de trabalho, uniu-nos nas últimas décadas e deu-nos identidade quase como um clube, definindo-nos como profissionais unidos em meio a valores educativos, em defesa de um paradigma interativo, que, hoje, corre o risco de se desagregar diante da indiferença e da apatia intencional por parte de diferentes setores políticos e sociais envolvidos.

Discursos claramente retrógrados em relação ao conceito educativo que outrora nos haviam feito ruborizar, hoje, voltam a ser escutados como reivindicação triunfalista de todos aqueles que defendem valores quantitativos e tecnocratas. E o mais preocupante é que isso não apenas acontece em altas instâncias, mas também em nível popular, em nível individual, no boca a boca, em situações e, infelizmente, em alguns âmbitos profissionais, quase sempre por apatia, irreflexão ou indiferença. É nesse contexto em que urge a tomada de consciência sobre nossos valores reais, para empreender princípios educativos e éticos, sentidos no íntimo do nosso ser; para nos reconhecermos em busca de uma educação dotada de sentido, baseada em uma imagem da infância com cultura própria, forte e potente.

Porque é a infância e seus direitos o que está, de fato, em jogo e correndo perigo de ser sequestrada por alguns valores sociais de anulação de sua própria cultura, de negação de seus princípios e imposição de critérios alienantes.

Paradigmas que sustentam nossa prática

Com esse breve contexto histórico, pretendemos delinear as correntes de influência ideológica que nos influenciaram e ainda nos influenciam, pincelando-as, com transcendência humana e educativa. No entanto, não somos, cada um de nós, indivíduos isolados. Somos, sim, influenciados por e influenciamos todos aqueles com os quais compartilhamos a vida e o contexto escolar, na forma de ecossistema de circularidade (famílias, colegas, professores e crianças).

O mais peculiar de tudo isso é que essa diversidade de correntes, muitas vezes contraditórias entre si, convivem mais mal do que bem dentro de nós, em maior ou menor medida, como paradigmas diversos, e sustentam muitas de nossas contradições.

Assim, esses padrões de comportamento costumam estar enraizados com força em nosso interior e, ao se relacionarem com nosso modo global de ver o mundo, costumam ser aceitos sem ser questionados nem analisados.

Por esse motivo, não podemos desprezar esse conhecimento e pensar que nossa prática docente e o ambiente de nossa escola são neutros. Não nos enganemos: não existe nenhuma prática neutra.

Nossa docência, cada ato, por menor que seja, a maneira com que apresentamos uma atividade, como observamos, nossa forma de falar, de olhar, tudo está estreitamente interligado às nossas concepções educativas: as conscientes e as inconscientes.

Por isso, é importante *saber*, conhecer ao que damos voz e de quais correntes somos filhos e herdeiros. Com que finalidade? A de reconhecê-las; de revelar, por meio de nossa consciência, nossa imagem de criança, nossa imagem do que é educar, para poder trabalhar com base nessa claridade e, assim, estreitar as pontes entre o que fazemos e o que realmente desejamos fazer.

Para isso, a seguir, minha proposta se baseia em uma exposição pormenorizada dos paradigmas mais frequentes que sustentam a prática pedagógica na etapa da Educação Infantil, com o fim de favorecer a autoanálise e o avanço em direção à coerência.

Processos e desenvolvimento docente

Ao longo de vários anos de trabalho nas salas de Educação Infantil, e também posteriormente, como consultora de formação nessa etapa, aprofundei-me em uma investigação sobre modelos ou padrões de atuação e pude observar que:

- Existe um processo evolutivo entre os profissionais de Educação Infantil.
- Esse processo evolutivo pode diferenciar-se em etapas ou fases com identidade própria.
- Cada uma dessas etapas pode ser associada com um modelo didático ou paradigma teórico pedagógico determinado.
- Cada paradigma não apenas reflete determinado modo de ver a educação, mas também de ver o mundo, de se relacionar com os outros. É, portanto, parte de uma concepção social muito mais ampla.
- As fases normalmente não se dão só de um modo puro como também de forma mista, porque as influências às quais nós, os docentes, estivemos e estamos sujeitos são muito diversas.

Embora a exposição desses padrões ou paradigmas se apresentem de maneira muito diferenciada, não é minha intenção classificar a ocupação educativa, mas mostrar os padrões puros que chegam a nós de diferentes tempos e lugares, de diferentes fontes e correntes, à nossa mente e ao nosso coração, e envolvem cada um de nossos atos.

Assim, a prática curricular que se desenvolve na Educação Infantil fica definida em volta de quatro paradigmas ou concepções pedagógicas diferenciadas: a concepção tradicional, a concepção racionalista ou tecnológica, a concepção espontânea ou ativista e a concepção interativa ou investigativa.

Aspectos para a análise

Analisei os traços de identidade de cada paradigma, em cada um dos seguintes aspectos ou parâmetros:

1. Conceito de criança.
2. Seleção e definição de objetivos.
3. Seleção de materiais curriculares.
4. Organização do espaço/ambiente.
5. Conceito de aprendizagem.
6. Conceito de brincadeira/estudo.
7. Conceito de globalidade.
8. Organização das atividades.
9. Conceito de autonomia.
10. Trabalho em equipe.
11. Papel do professor.
12. Participação das famílias.
13. Conceito de avaliação.

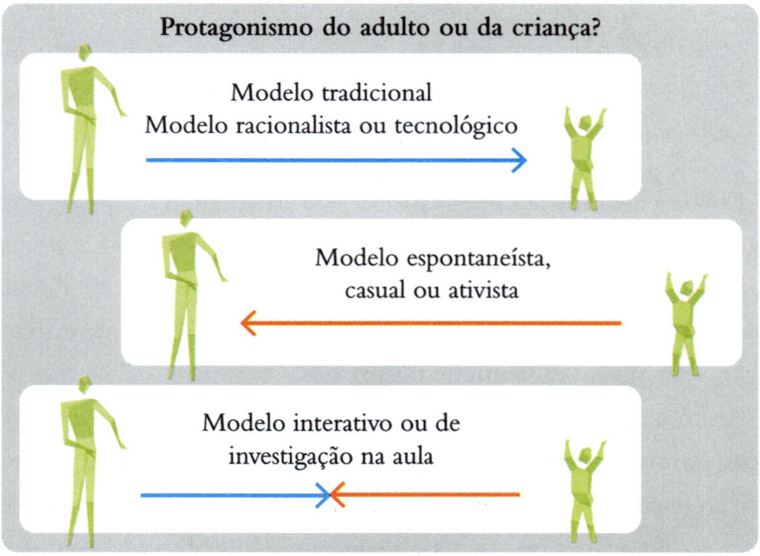

Fonte: trendmakers – iStock (vetores das figuras).

Os paradigmas educativos.

Modelo tradicional

Este é o modelo em que se baseia a sobrevivência da tradição e das normas estabelecidas por excelência. Nas palavras de Henri Wallon (1981):

> Seu objetivo é a ação que os adultos devem exercer sobre a juventude, para lhe transmitir a herança de seus antepassados, para lhes dar as ideias e os costumes que lhes permitirão se adaptar melhor à sociedade cujo posto vão assumir.

1. Concepção de criança como um sujeito pobre, passivo, apenas perceptivo. Sua opinião não tem valor e deve se ajustar às propostas do adulto. Não se leva em conta as peculiaridades e a identidade individual de cada um. Estabelece-se um modelo homogêneo e uniforme, que todos devem copiar.

2. Objetivos instrutivos e conteúdos conceituais.

> O corpo do conhecimento é algo cuidadosamente estruturado, que não admite ser questionado. Os procedimentos de resolução de problemas e situações são apresentados como certos e de aplicabilidade segura. As crianças devem se limitar a estarem atentas, a receberem passiva e docilmente o que quer que lhes seja transmitido (ordens, pautas de comportamento, conhecimentos etc.) e repeti-lo sempre que o adulto considere conveniente. Tende-se à acumulação de dados, separado do desenvolvimento da personalidade global. (Jiménez e Molina, 1989)

3. Trabalho com cartilhas, caderninhos de atividades. Materiais escolhidos pela rotina, sem ser analisados.

4. Mesas e cadeiras alinhadas ou agrupadas. Atenção centralizada em volta da lousa e da mesa do professor ou da professora. Critérios de agrupamento com base em hierarquias, como “bons” e “maus” alunos. Jogos e materiais manipulativos guardados em armários, fora do alcance das crianças.

Continua

Continuação

5. A aprendizagem é um processo linear. O conhecimento se fixa mediante um processo de atenção e retenção. "Aprender é um fato individual e homogêneo, suscetível, portanto, de ser padronizado" (Porlán e Martín, 1991).

6. Alta valorização do "estudo". Escassa ou nula valorização de jogos e brincadeiras.

7. A globalidade não se leva em conta como critério a ser valorizado. Os conhecimentos são oferecidos de modo somatório e padronizado. Produz-se uma divisão abismal entre a escola e a vida.

8. Atividades homogêneas (grupos grandes e individuais, comandadas pelo adulto). Não se valoriza o trabalho em pequenos grupos, nem a interação entre pares.

9. Não se leva em conta a autonomia como valor. Valoriza-se positivamente a heteronomia e a obediência ao adulto, que é quem conhece e transmite a verdade.

10. O professorado não trabalha em equipe. Isolamento. Conceito competitivo. Aula de porta fechada. Em alguns momentos, chegam a esconder atividades realizadas para evitar "ser copiado" por outros colegas.

11. O professor ou a professora tem o papel instrutivo, hierárquico e controlador. Limita-se a executar o livro de cartões, cartilhas...

12. Escassa comunicação com as famílias. Se esta se produz, é também unidirecional e fomenta as desigualdades e os estereótipos em aspectos basicamente instrutivos e comportamentais ("mau ou bom aluno"). A participação das famílias é praticamente nula.

13. Avaliação do produto, não do processo. Apenas se avalia o alunado.

Modelo racionalista ou tecnológico

Surge como alternativa com base nas críticas ao modelo tradicional, por sua falta de rigor e de fundamentos teóricos. A pretensão é racionalizar todo o processo de ensino-aprendizagem e a procura da eficácia, tendo como base um enfoque tecnocrático, em que tudo é programado e sequenciado exaustiva e detalhadamente de antemão. "As técnicas de ensino assim obtidas são suscetíveis de serem aplicadas por diferentes pessoas, em qualquer situação, com a probabilidade de obter resultados similares" (Porlán e Martín, 1991).

1. Concebe-se a criança como uma "tábula rasa", como um saco que precisa ser enchido. Considera-se que, quando chega à escola, não sabe nada. É um sujeito passivo, receptor da mensagem do professor e suscetível de aprender tudo o que lhe seja ensinado. "Há um modelo de conceber o homem (e, sobretudo, a criança) como um copo que tivesse que ser preenchido por conhecimentos e regras. E há outra maneira de vê-lo como um leque de faculdades a serem potencializadas" (Anceschi, 1987).

2. Objetivos fechados e definidos. Conteúdos conceituais e destrezas.

3. Trabalho com cartões, escolhidos com certo critério de seleção, embora de modo superficial: se há ilustrações atrativas; se propõem atividades de pré-escrita; se contêm poucos ou muitos cartões etc.

4. Mesas de um lado da sala e tapete do outro lado. Móveis em volta, com jogos geralmente empilhados e pouco acessíveis às crianças.

5. A aprendizagem é concebida como uma estrutura sequenciada e cumulativa. Pensa-se que "Aprendem antes o simples,

Continua

Continuação

o próximo, o fácil, as partes, e, depois, o complexo, o difícil e o todo" (Febrer e Jover, 1996). Além disso, considera-se que a aprendizagem é consequência direta e única do ensino. "Tudo o que é bem ensinado deve ser bem aprendido, a não ser que os alunos não tenham atitudes ou inteligência normais" (Porlán e Martín, 1991).

6. Concepção separada e hierarquizada entre brincadeira e estudo.

7. Globalidade forçada em torno de centros de interesse/tópicos marcados, em geral, pela editora que cria o livro de cartões. O tema é tomado como "desculpa" para introduzir uma série de conteúdos conceituais e destrezas.

8. Atividades homogêneas a maior parte do tempo, em grupos grandes ou individualmente, conduzidas pelo adulto. Em algumas ocasiões, descentralizadas, para aquelas crianças que terminam o cartão e podem "ir brincar", como uma folga ou prêmio.

9. Não se valoriza a autonomia, ou ela é valorizada apenas em determinados hábitos ou destrezas de tipo instrutivo, impostas do que é externo.

10. Para o professorado, o trabalho em equipe é concebido como "todos fazerem a mesma coisa"; programar as unidades, as saídas, os horários... Não se fala (ou se faz superficialmente) de critérios, nem de filosofia educativa.

11. Participação pontual das famílias (alguma reunião, excursões...). Conceito passivo de ajuda, não de participação nem implicação.

12. Professor ou professora é o protagonista central do ambiente escolar. Seu papel é essencialmente de transmissão. É quem

Continua

Continuação

motiva, seleciona os temas, a sequência e, em suma, de quem depende todo o controle do processo de ensino-aprendizagem.

13. Avaliação do produto e controle de "destrezas" nos processos (picar, recortar, grafomotricidade...). Além do alunado, avalia-se o desenvolvimento das programações (do ponto de vista de se houve tempo para concluir nos prazos, de se os exercícios eram difíceis etc.).

Modelo espontaneísta, casual ou ativista

Enraizado em movimentos ideológico-políticos renovadores (Escola Nova na Espanha, nos anos 1930; as correntes alternativas, nos anos 1960: Illich, Summerhill,[16] Pedagogia Institucional etc.), e que têm [o filósofo] Jean-Jacques Rousseau como seu precursor. Enfatizam a criança como protagonista de sua educação, em respeito absoluto por sua liberdade e seguindo os processos naturais da aprendizagem.

1. Respeito pela criança como ser autônomo e livre, com suas características pessoais e sua identidade própria. A criança é considerada portadora de algumas capacidades que se desenvolverão de maneira natural em contato com a realidade, com escassa participação do adulto. Acredita-se em seu interesse natural por aprender, respeitando seus interesses e suas motivações, e estimulando sua atuação espontânea, deixando-a tomar a iniciativa de sua própria evolução.

[16] N. do E.: escola inglesa da corrente democrática, pioneira na área. Foi idealizada pelo educador escocês Alexander Sutherland Neill.

Continua

Continuação

2. Estabelecem-se os "grandes objetivos da educação", mas não se definem outros, ou seja, sustentam os manuais do currículo. Valorizam-se mais os conteúdos procedimentais do que os conceituais. Os valores são apreciados, porém, não são definidos como são trabalhados na prática. Com frequência, improvisa-se: "segue" a criança sem critérios prévios.

3. Trabalho sem cartões editoriais. Elaboração de cartões pelo professorado, similares, por vezes, aos das editoras (fotocópias etc.).

4. Espaços cheios de estímulos, ambientação "casual", às vezes, um tanto caótica (jogos, mesas/cadeiras, tapete, tentativa de áreas de jogos e brincadeiras, espaços sem definição, pseudocantos etc.).

5. Concepção "ativista" da educação ("fazer muitas atividades"); deixar a criança em contato com a realidade, com novas experiências, ainda que com escasso significado entre si, realizadas de uma maneira casual ou sem reflexão.

6. Tende-se a valorizar muito a brincadeira livre, mas sem abandonar situações de "estudo", especialmente por um medo latente de deixar "lacunas" de conhecimento. Assim, tende-se a fazer um misto entre brincadeira e estudo, separando ambas as situações, ou seja, suavizando situações de aprendizagem para poder "aprender brincando", com o fim de não provocar traumas e de não criar imposições.

7. Globalidade forçada em volta de centros de interesse marcados pelas professoras, ou seja, realizam-se atividades seguindo interesses que surgem na sala, a partir das crianças, mas apenas sem sistematizar.

8. Combinam-se as atividades homogêneas (grande grupo/individual) com outras descentralizadas, mas com escassa

Continua

Continuação

organização. Temor em impor e criar normas. Ocorrem situações de caos.

9. Valoriza-se a autonomia em aspectos de ordem física (abotoar-se, lavar-se, descer escadas, escolher materiais etc.). Também se valoriza a capacidade de decidir por si próprio, mas não se estruturam normas de grupo ou, se isso é feito, segue-se de maneira casual ou inconstante, confiando na capacidade natural da criança para autorregular sua conduta (*laissez-faire*).[17]

10. O professorado segue concebendo que a equipe deve fazer as mesmas atividades ou seguir a programação. Trata-se de critérios, mas sem aprofundar nem estruturar. As reuniões se transformam, em muitos momentos, em um "anedotário".

11. A professora ou o professor tem uma atitude de escuta em relação às crianças, mas sem as interpretar. Seu papel é bastante passivo, limitando-se a oferecer um meio não coercivo e concordando com a espontaneidade, a liberdade, a criatividade e a imaginação infantis. Assim, segue o processo de meninos e meninas, mas sem empecilhos, deixando a natureza deles agir.

12. Maior participação das famílias (maior número de reuniões, de visitas, de excursões, de elaboração de materiais etc.). Conceito colaborativo.

13. Avaliação assistemática. Em alguns momentos, avalia-se o produto. Os processos importam, mas não são registradas as observações e não são sistematizadas com instrumentos. Realiza-se, assim, a valorização não só das crianças como também da equipe educativa, contudo, sem estruturar.

[17] N. da T.: expressão em francês que significa "deixe fazer". Utilizada para identificar um modelo político e econômico de não intervenção estatal.

Modelo interativo ou coparticipativo

A proposta interativa, coparticipativa ou investigativa pretende superar as dicotomias anteriores. Nela,

> todos têm algo com que contribuir, e a negociação de intenções e de significados cobra uma importância capital. Já não se trata de transmitir conhecimentos, técnicas, valores unidirecionalmente, nem de deixar que se estabeleçam por si só, mas, sim, de construí-los, basear-se na ação conjunta. (Jiménez e Molina, 1989)

Relaciona-se tanto com teorias construtivistas da aprendizagem (Escola de Piaget), quanto com as correntes sócio-históricas (Vygotsky), as correntes ecológicas (Bronfenbrenner) e os modelos educativos de Reggio Emilia (Loris Malaguzzi).

1. Concebe-se a criança como um sujeito inteligente, com personalidade, identidade, ideias, potencialidade de capacidades a desenvolver em interação com os demais (crianças e adultos) e um entorno rico e diverso, não apenas em aspectos materiais como também, especialmente, em oportunidades de aprendizagem com os outros, que provoquem curiosidade e necessidade de aprender (interlocutor): "Sentir-se inteiro é, para a criança (como para o homem), uma necessidade biológica e cultural: um estado vital de bem-estar" (Malaguzzi, 1987).

2. Objetivos operativos definidos por meio de intenções educativas (professorado) e pelos interesses das crianças (alunado). Valorizam-se os conteúdos de procedimento, de atitudes e de valores, assim como os conceitos, em um sentido construtivo e integrado de modo natural.

3. Trabalho com diversidade de materiais: programações abertas (projetos de trabalho, pesquisa em sala, escuta de brincadeiras,

Continua

Continuação

investigação do meio etc.). Os materiais são concebidos como recursos de um ponto de vista amplo: livros, vídeos, álbuns, recursos humanos etc. São de contribuição de toda a comunidade educativa.

4. Descentralização de espaços, descompartimentalização (ateliês, cantos etc.). Organizam-se ambientes com intencionalidade educativa. Leva-se em conta o ambiente como um potente comunicador não verbal. A escola é concebida não só como uma soma das salas, mas também de todos os seus espaços, como unidade.

5. Educação ativa (não se trata de "fazer muitas atividades", mas, sim, de que estas tenham um verdadeiro sentido). Conceito de aprendizagem como um processo em construção, em um contexto significativo para a criança e o adulto, conectado com os interesses das crianças, suas ideias prévias, assim como os interesses do adulto, suas intenções educativas. Parte-se da *escuta* como princípio de atividade e relação. Assim, a linguagem tem um grande valor, tanto em sua vertente externa (expressão e comunicação) quanto interna (regulador de conduta) nos processos de aprendizagem. Leva-se em conta, além das capacidades cognitivas, outras não menos importantes: afetiva, relacional, psicomotora, linguística. Valoriza-se a aprendizagem em interação com os demais (crianças e adultos). "A aprendizagem da criança começa muito antes da idade escolar" (Vygotsky, 1984).

6. Supera-se o dilema brincadeira/estudo. Valorizam-se as "situações que interessam" ou provocam curiosidade. Aprender juntos é, em si, um ato apaixonante, e, nele, implicam-se, de maneira consciente, crianças e adultos. As crianças são sujeitos conscientes e ativos de sua própria aprendizagem. A brincadeira espontânea é valorizada como motor principal do desenvolvimento da aprendizagem.

7. Não se procura, forçadamente, a globalidade como um tópico a ser desenvolvido. Potencializam-se as relações naturais que se

Continua

Continuação

estabelecem entre os diferentes conhecimentos para poder os transferir a outras situações.

8. As atividades descentralizadas têm muita importância, assim como a integração entre iguais. Atividades de grande grupo (não para a uniformidade, mas para desenvolver a identidade e a inter-relação), de pequeno grupo e individuais, tanto de forma livre como regrada.

9. Valoriza-se a autonomia, não apenas em aspectos físicos como também intelectuais e éticos. Importa mais a criação interiorizada de normas e critérios próprios, tanto em nível individual como no grupo.

10. Para o professorado, o trabalho em equipe não é concebido como "todos fazer a mesma coisa", mas como compartilhar critérios, elaborar materiais, instrumentos etc. Aprofundar em aspectos teóricos, confirmar hipóteses de trabalho, ou seja, investigar.

11. Papel do professor como um interlocutor que escuta as crianças, analisa e interpreta as situações. É um papel fundamental, insubstituível, não apenas como transmissor de conhecimentos, mas também como um catalisador de interesses, que ajuda a fazer crescer as ideias e as ações de meninos e meninas. Trata-se, assim, de intervir para fazer progredir (não só em aspectos cognitivos, mas também relacionais, emocionais, linguísticos, estéticos, psicomotores, de tomada de decisões etc.). Há intenções educativas definidas, que desempenham um papel importante em conjunto com as das crianças. Valoriza-se, além disso, o professor ou a professora como sujeitos de identidade e peculiaridades diferenciadas em sua maneira de fazer escola, mas que também compartilham interesses dentro de um coletivo de profissionais e podem ser definidos como investigadores educativos.

Continua

Continuação

12. A relação com as famílias é colocada de maneira interativa e dialogadora por ambas partes. Conceito amplo de comunidade educativa (não apenas pai/mãe: também avós, irmãos etc.). Integra-se os membros não docentes da escola ao conceito de comunidade educativa (cozinheiros, zelador, entre outros).

13. A avaliação se dá desde o início (interesses, ideias e experiências prévias), em todo o processo (painéis de documentação gráficos, planilhas, registros, observações etc.) e ao final (relatórios, boletins). As crianças são sujeitos ativos de sua própria aprendizagem e conscientes dos ganhos adquiridos. A equipe se autoavalia, assim como os processos de ensino-aprendizagem, por meio de instrumentos e de conselhos. As conclusões servem para melhorar a prática, como uma espiral de autoaprendizagem.

Considerações

Nós, docentes, não costumamos estar conscientes de quais aspectos concretos de nossa prática correspondem a uma ou outra concepção pedagógica, sobretudo porque essa prática costuma estar impregnada de quase todos os modelos apresentados, que convivem em maior ou menor harmonia de acordo com a situação.

Transpondo obstáculos em direção ao paradigma interativo

Uma tomada de consciência

Embora exista um acordo generalizado e verbalizado com fundamentos em princípios de um paradigma interativo, apenas uma minoria o coloca em prática.

As vantagens e os ganhos obtidos que, em certo momento histórico de progresso, foram possíveis graças ao entusiasmo que caracteriza boa parte do professorado de Educação Infantil. A abertura, a motivação, a capacidade de trabalhar em equipe, a disposição à mudança e a facilidade que sempre teve esse coletivo de encontrar soluções viáveis aos problemas foram, sem dúvida, os verdadeiros artífices da melhora da qualidade nessa etapa.

No entanto, cairíamos em um ingênuo otimismo se afirmássemos que a aquisição de novas concepções educativas é algo generalizado ou interiorizado entre a maioria dos professores de Educação Infantil. Ao contrário, embora aconteçam acordos no "dizer", ou seja, que se aceitam verbalmente determinados valores e princípios, a incorporação real apenas é colocada em prática de modo pontual e parcial.

De fato, a maioria do professorado de Educação Infantil ainda desenvolve um paradigma racionalista, em alguns casos, banhada de tradicionalismo, e, em outros, de concepções espontaneístas. Ainda são poucos os profissionais que colocam em prática, de um modo consensual, explícito e coerente, o paradigma coparticipativo ou interativo.

Está constatado o abismo que existe entre as intenções expressadas de maneira explícita pelo professorado e o que realmente se realiza nos projetos educativos e curriculares, nos planejamentos e na prática diária.

Em contrapartida, não podemos nos esquecer de que, por mais desencorajador que seja, nos últimos anos, ocorreram retrocessos em determinados setores profissionais, porque a educação não é alheia às novas correntes tecnocratas em ascensão nestes tempos críticos, os quais vieram para reforçar padrões de viés racionalista que já se acreditavam superados. Entretanto, de todo modo, é curioso ver que se mantêm majoritariamente as intenções de paradigmas interativos, embora, com frequência, só "no papel".

Por meio da tomada de consciência sobre os diferentes modelos ou paradigmas educativos e a autoidentificação com um ou vários deles pode-se favorecer o ato de fazer pontes entre a intenção e a ação. Mas, em geral, esse processo é lento e progressivo. É, portanto, conveniente, que como professores de Educação Infantil, nós conheçamos esse processo, discutamos sobre ele, coloquemo-lo em questão, enfim, que o personalizemos...

Proposta de trabalho prático: questionário de autoanálise

Esta é uma proposta para equipes que desejam refletir sobre os enfoques educativos que sustentem sua prática, com a finalidade de criar avanços.

Por meio da tomada de consciência sobre os diferentes modelos ou paradigmas educativos e a autoidentificação, com um ou vários deles, pode-se favorecer o ato de construir pontes entre a intenção e a ação.

1) Realizar o questionário sobre paradigmas educativos, de forma individual, por parte de todos os membros da equipe (incorporado ao final deste livro, em Apêndices).

Procurar-se-á responder uma pergunta de cada seção, exceto se alguém se sentir identificado claramente com duas respostas ao mesmo tempo, e assim constar na resposta.

2) Reunir e partilhar, analisando:

> a) O(s) paradigma(s) com que cada um dos profissionais se identifica individualmente. Assim, serão contabilizadas as respostas, e será observado se a predominância é do A (tradicional), do B (racionalista), do C (espontaneísta) ou do D (interativo).
>
> b) O paradigma (ou paradigmas) com o(s) qual(is) se identifica a equipe (contabilizando a soma de respostas de todo o grupo).

Assim, comprovaremos com quais dos enfoques nos sentimos mais identificados (normalmente, convivem de forma mista) individualmente e como equipe.

3) A seguir, *trabalhar cada um dos parâmetros* sobre os quais se respondeu: conceito de criança; seleção e definição de objetivos; seleção de materiais curriculares; organização do espaço/ambiente; conceito de aprendizagem; conceito de brincadeira/estudo; conceito de globalidade; organização das atividades; conceito de autonomia; trabalho em equipe; papel do professor; participação das famílias; conceito de avaliação.

Discutir e comparar as respostas escolhidas. Tentar explicar aos outros como cada um vê, ou seja, o porquê de sua resposta. Convém que uma pessoa anote as conclusões.

Sugere-se que, *em cada sessão de trabalho, trate-se de apenas um aspecto ou parâmetro.* Deve-se *escrever as conclusões gerais* e sempre deixar uma seção para realizar uma *proposta de melhoria* na área trabalhada.

4

A imagem da criança: o lugar onde o ensino começa

O diário de classe como proposta de sincronicidade

> Há centenas de diferentes imagens da criança, da infância... Cada uma dessas imagens conduz a uma maneira de se relacionar com as crianças. Isso impulsiona a atuar em determinada direção: na maneira como você fala com uma criança, escuta uma criança, observa uma criança. É muito difícil atuar contra essa imagem interna. Por exemplo, se a imagem que você tem é a de que meninos e meninas são muito diferentes uns dos outros, você se comportará de forma diferente em suas interações com cada um deles.
>
> *Loris Malaguzzi*

Uma vez que tenhamos, como equipe e como indivíduos, mais ou menos definida nossa identificação com um ou vários dos paradigmas apresentados, minha proposta é trabalhar e aprofundar nossa imagem de criança. Por quê?

Ao analisar diferentes modelos didáticos ou correntes de pensamento educacional, vemos que, no conteúdo e na origem de cada um, reside certa imagem da infância. Por isso, na proposta de processos que se apresenta neste livro como guia em direção à nossa própria coerência, o passo seguinte é determinar nossa imagem de criança.

É prioritário que, nas equipes das escolas, fale-se sobre o que é uma criança para cada um de nós. Falar de coração; falar do ponto de vista de nossas ideias; falar com base em nossa intenção pessoal e profissional.

Propomos, a seguir, alguns temas para tratar nas equipes:

O que significa educar? Quais valores são importantes para a infância? O que é a escuta? Como realmente escutamos as crianças? Existe uma cultura da infância? Como se mostra? Como e quando intervir? Como administramos o tempo?

De início, pode nos parecer um tanto abstrato começar a falar de verdade e de forma séria dessa questão, ou podemos pensar que, com todas as tarefas urgentes que precisam ser feitas em uma escola, isso represente uma perda de tempo que não podemos permitir... Nada mais distante da realidade.

Separemos um tempo para isso e percamos o medo de dizer o que está em nós mesmos, inclusive aquilo que não nos parece de todo adequado; utilizemos técnicas de dinâmica de grupos; retiremos de nosso interior a imagem de criança, da infância e comecemos a caminhar a partir dela.

Seguindo as palavras do pedagogo Alfredo Hoyuelos (2004), para Loris Malaguzzi, cada um de nós

> temos uma imagem de infância que, de fato, é uma interpretação do conceito de homem e mulher que temos. Essa teoria interior – reconhecida ou não – induz-nos a escutar, a observar e a atuar de diferentes maneiras. Essa imagem interna nos guia na forma de nos relacionarmos e de trabalharmos juntos. Por isso, é importante explicitar essa imagem da infância que – longe de abstrações – dê coerência à difícil relação entre a teoria e a práxis educativa.

A infância como cultura

Quando se escuta pela primeira vez falar da cultura da infância soa, no mínimo, surpreendente. Por quê?

Se acudimos ao dicionário, entende-se por *cultura*: "Os conjuntos de saberes, crenças e pautas de conduta de um grupo social, incluindo os meios materiais que usam seus membros para se comunicar entre si e resolver suas necessidades de todo tipo".

É um termo sobretudo antropológico. Falar de cultura da infância supõe, pois, o reconhecimento implícito de que os pequenos são um grupo humano com identidade diferenciada dos adultos, idiossincrasia particular e pautas de comportamento e comunicação próprias.

Fonte: Richard Leeming – Flickr.

A cultura da infância.

Penny Ritscher, em seu delicioso livro *¿Qué haremos cuando seamos pequeños?* ["O que faremos quando formos pequenos?", em tradução livre], conta-nos, de uma maneira lúcida e poética, sobre:

> Não é necessário que duas etnias se encontrem para que apareçam fenômenos de interculturalidade. O encontro e/ou o enfrentamento entre diferentes mentalidades pode ser encontrado dentro de nossas instituições educacionais. Se observarmos as situações diárias nas escolas 0-3 e 3-6 da perspectiva do antropólogo – curioso e, ao mesmo tempo, distante – poderemos comprovar que, nelas, convivem duas culturas diferentes: a dos adultos e a das crianças [...]. Dá-se por deduzido que um dos deveres dos educadores é conduzir as crianças pouco a pouco, rumo a uma "aculturação", ou seja, a um conhecimento crescente dos esquemas culturais dos adultos. Mas o fato contrário já não parece tão claro: que as crianças tenham contato com a realidade rica, fresca e inteligente, o que pode – ou deveria – servir de estímulo constante para os adultos. Se faltar um princípio de interculturalidade, os educadores correm o risco de ficar presos dentro de sua própria programação.

É estimulante o paralelismo que nos propõe a autora para olhar a infância com o respeito e o cuidado com o qual se observa um grupo étnico diferente do nosso, porque desloca nosso cérebro de seu olhar habitual de professores e adultos e nos dá o novo enfoque de infância como grupo cultural com identidade própria. Além disso, adverte-nos do risco de não superar nosso "etnocentrismo" para acolher e respeitar a frágil e maravilhosa cultura dos pequenos, o que, sem dúvida, reestrutura nosso trabalho em algo apaixonante, divertido e rejuvenescedor, pois coloca a todos – crianças que crescem e adultos que aprendem – como seres humanos em um mundo de respeito e reconhecimento mútuos.

Um passo a mais para revelar nosso conceito de infância: o diário de classe

> Em tese, todos estão de acordo com a exigência de partir da criança. Parece repetitivo, mas, na verdade, não é óbvio. O professor está preparado: tem na cabeça, por exemplo, o método para ensinar a aprendizagem da Lei, com todos os seus passos e passinhos; tem preparados, assim, os cartazes, os cartões, os envelopes, os materiais. A criança, assim, é escrava do procedimento. (Malaguzzi *apud* Hoyuelos, 2004)

Devemos reconhecer que deixar claro o conceito de infância que temos em nós não é uma tarefa fácil. Desligarmos de nosso eu interior e olhar com objetividade para nossos padrões internos é complicado, em razão da distância necessária para isso. É fácil falar e dizer o que se espera, o politicamente correto. Por isso, Malaguzzi nos diz que "Em tese, todos estão de acordo [...]", mas a questão é saber o que se pensa, o que se sente. Isso é árduo, difícil. Poderia ser comparado com um trabalho de escavação arqueológica, que, na forma de substratos, coexistem diferentes camadas ocultas, umas sobre as outras. Portanto, precisamos de um instrumento concreto que nos dê esse auxílio.

Reconhecer os próprios paradigmas e falar sobre temas em equipe, como propusemos até o momento, já é um bom começo. Mas e depois? Por onde podemos avançar para aprofundar? Um método útil e simples para modelar e desenvolver essa imagem interna é realizar um diário de classe. Ele tem raízes e tradição como método válido de introspecção, como meio para elucidar ideias, refletir e progredir.

Com Vygotsky, aprendemos que a linguagem, além de ser um instrumento de comunicação e de criação, tem uma dimensão prioritária como reguladora do pensamento interno. O que o pesquisador denomina como "fala interna" define nosso pensamento oculto por meio da palavra escrita e transforma, assim, o diário de classe em um instrumento autoformativo excepcional.

Podemos cair na armadilha de acreditar que pensar sobre o que fazemos na escola é a mesma coisa que escrever sobre isso; que, se refletir é já um exercício válido, para que, então, incomodar-se em escrever?

Porém, pensar sobre algo não é a mesma coisa que representá-lo em palavras. Como diz Rafael Porlán, professor da Universidade de Sevilha, sobre o diário de classe, "O pensamento não escrito é maleável e difuso: hoje, posso pensar uma coisa, e, amanhã, o contrário, sem saber com clareza as razões para tal mudança".

Ao nos obrigarmos a escrever de forma concreta, isso nos centraliza, obriga-nos à precisão da palavra e, além disso, permite-nos reler o escrito, ajustá-lo e concretizá-lo.

Em um recente e interessante artigo sobre o diário de classe, publicado na revista *Infância*, Yaiza Corujo (2014) diz:

> O mais importante do diário é que me "obriga" a me mover do centro, a deixar que a brincadeira, a atividade fluam. Convida-me a me deter, a observar com mais atenção, a decidir como e quando intervir. Todos os meus sentidos orientados a captar as informações no momento da brincadeira, algumas das quais me teriam escapado sem o recurso do diário.

Há anos a Escola Nova[1] e as correntes de vanguarda utilizaram e propuseram o diário como instrumento de autoformação para o professorado:

---

[1] N. da T.: movimento europeu que, desde os finais do século XIX, influenciou a Espanha, até a dissolução da Segunda República, com o fim da guerra civil e a instauração da ditadura franquista (1939). Pretendia acabar com o isolamento científico, educacional e cultural que acontecia, desenvolvendo e possibilitando a modernização pedagógica da Espanha. A Escola Nova era muito conhecida por proporcionar a autonomia e o papel ativo de seu aluno, sendo contra o ensino tradicionalista, centrado no professor e na cultura enciclopédica. Foi trazida ao Brasil por Rui Barbosa.

Paulo Freire, Mario Lodi, Célestin Freinet são alguns exemplos fora da Espanha. Dentro disso, na atualidade, profissionais espanhóis reconhecidos, como Mari Carmen Díez, Rafael Porlán, entre outros, trabalham com o diário de classe como elemento de reflexão e formação consciente sobre a própria prática.

> Eu gostaria de ser capaz de refletir, não apenas sobre o que acontece dia após dia, mas também porque acredito no que "pode acontecer" e, sobretudo, empenho-me em explicitar o que sinto, o que me preocupa, o que me desconcerta, o que temo da cotidianidade da sala. Faz tempo que venho me dando conta de que não movo um dedo sem ter um motivo, na maioria das vezes, implícito e desconhecido até para mim mesma. E estou brincando de averiguar "que nortes" ou "que suis" são os que persigo quando anoto em um papel a proposta de alguma criança, quando peço a outra que fale, que se cale, que fique parada ou que se mexa. Sempre é por um motivo, oportuno ou não. E como acredito que seria útil conhecer um pouco melhor meus "porquês" e meus "comos", vou tentar apanhá-los e colocá-los em palavras. (Díez, 1999)

Minha proposta se centraliza em começar a escrever o que fazemos todos os dias e o que pensamos fazer. Nada mais e nada menos.

Vamos nos surpreender como, ao escrever, encontramo-nos em falta, chocando nosso sentir e nosso dizer, nosso fazer e nosso pensar, damo-nos conta de contradições, de que há coisas que, ao serem ditas, podem "soar mal". É o currículo oculto que se revela, um primeiro passo neste apaixonante desafio.

Aconselhamos a leitura de algum diário de classe já publicado, para ser um guia ou pauta de ação, que nos ajude e dê pistas de referência.[2]

---

[2] N. do E.: entre obras brasileiras, recomendamos a leitura de *Coordenação pedagógica na infância: a gestão dialogada com os registros*, de Cristiano Alcântara, publicado pela Phorte Editora, em que se tem acesso tanto aos diários de bordo escritos pelas professoras quanto às devolutivas da coordenação pedagógica, proporcionando uma visão macroscópica desse importante instrumento da prática docente.

Escrever parece custoso, mas, pouco a pouco, veremos que, tal qual um treino, será um instrumento de grande ajuda e nos dará segurança e confiança, assim como uma fluência crescente. É um caminho à coerência, em direção à clareza de ação e de pensamento e atuar dia a dia, a partir da prática profissional consciente. É um exercício imprescindível para nos conhecermos melhor interior e profissionalmente.

Em um segundo momento, tratar-se-ia de refletir sobre o que foi escrito. Observar quando intervimos e por que motivo, quais atividades priorizamos, os comos e os quandos... Analisemos, paralelamente ao diário, qual é nosso horário, como distribuímos os tempos, quais materiais costumamos utilizar, como é nosso plano de aula etc., e observemos em que medida o externo e o interno estão de acordo.

A seguir, ofereço um exercício prático de formação, com base no diário de classe, como elemento de reflexão e formação.

Proposta de trabalho prático: o diário como projeto

Trata-se de uma proposta para o professorado que deseje trabalhar o diário de classe como instrumento, para explicitar a imagem interna da criança com uma finalidade reflexiva e suscetível de ser compartilhada em um grupo de trabalho ou uma reunião.

Partimos da ideia de que a imagem interna da criança e da infância não é algo isolado, mas, sim, que está conectado a uma ocupação e uma filosofia educativa.

Revelar essa imagem interna que todos carregamos dentro de nós é, em si, uma atitude profundamente revolucionária, porque, com base nela, veremos nossas coerências e incoerências em nosso trabalho diário. E isso nos afasta do conformismo, com uma atitude valente e aberta.

Para isso, proporemos narrar, em forma de diário, nosso dia a dia na sala de aula, refletindo sobre dúvidas, problemas, acontecimentos, em resumo, todas as ocorrências e as mudanças de cada jornada escolar em um diário pedagógico.

O fim do diário é a interiorização e a busca de soluções por meio da palavra escrita. Assim, o diário cumpre uma função de confronto com os demais colegas em uma reunião ou grupo de trabalho em equipe.

1) **Começar um diário pedagógico**, refletindo o ocorrido, dando ênfase aos acontecimentos mais destacados, a anedotas, a reflexões, a dúvidas, a problemas, a satisfações etc. Ao fim de cada dia, sugerimos uma breve seção com algumas poucas linhas dedicadas a: "O que pretendi hoje?"; "Estava relacionado com as necessidades reais das crianças?"; "A que dei mais importância?"; "Por quê?"; "Quais princípios me guiaram?".

2) **Alternar** o diário **de dois em dois**, nas sessões de reunião com a equipe:

- Alternar sua leitura com a de outro colega.
- Confrontar o diário por duplas de leitura, de modo que quem leu o da outra pessoa comente com ela ideias, pontos em comum etc.

Extrair, pouco a pouco, **o conteúdo didático** de nosso trabalho, a imagem de infância e os princípios que nos guiam com base em nossas reflexões.

3) **Reunir e partilhar em uma sessão posterior** no grande grupo.

Sugere-se que alguém se torne coordenador e anote os avanços, as dúvidas etc. e que trate tudo de forma programada.

Devem **ser escritas as conclusões gerais** e sempre deixar uma seção para realizar uma **proposta de melhoria** no campo trabalhado.

4) **Anotar os consensos**, os aspectos essenciais, com a finalidade de elaborar **um guia de princípios didáticos**.

5

Da necessidade à forma – Princípios de filosofia educativa e organização do espaço: uma proposta de coerência

> Como a forma não é mais do que uma expressão do conteúdo, e o conteúdo varia segundo os artistas, é evidente que, na mesma época, pode existir grande número de formas diferentes que são igualmente boas. A necessidade cria a forma. Alguns peixes de grandes profundidades não têm olhos. O elefante tem uma tromba. O camaleão troca de cor etc. Assim, o espírito de cada artista se reflete na forma.
>
> *Kandinsky*

Com base nas palavras de Kandinsky, fazendo uma inter-relação entre o mundo da Biologia, da Arte e da Educação, poderíamos arriscar até que ponto, também em nossas escolas, a necessidade deveria criar a forma; se as necessidades das crianças não deveriam fazer surgir espaços novos da mesma forma que, em um peixe, surgiram nadadeiras por sua necessidade de se mover na água...

Num mesmo período, pode haver muitas escolas diferentes, todas igualmente boas, para crianças e adultos únicos e irrepetíveis, que requerem respostas originais por sua identidade diferenciada, sua maior riqueza. Assim como os artistas, todas são igualmente boas em sua diversidade, integradas em uma constelação, compartilhando um conteúdo vital, o da emoção e o da razão que prolongam a necessidade do ser humano, da criança, de crescer, de descobrir, de brincar, de amar, de se encontrar, de viver... Todas elas compreendem espaços inovadores para uma nova cultura da infância.

E, do mesmo modo que ao peixe das profundezas lhe desaparecem os olhos porque não necessita deles, poderíamos nos perguntar o quanto há em nossas escolas que deveria desaparecer por ser desnecessário, inútil, carente de sentido... Olhemos com olhos críticos, com olhos de criança à nossa volta, ativemos a escuta e descartemos o que não responde a nenhuma necessidade real, mas a rotinas inertes. Assim, da mesma forma que avança a evolução e a vida ao criar novas formas, nossas escolas irão progredindo em consonância com o avanço dos tempos, da inteligência e dos desejos profundos de crianças e de adultos.

E desde onde estabelecer a escuta das necessidades reais de meninos e meninas e da comunidade educacional imersa numa escola?

As mensagens silenciosas: o espaço nos fala, nos apresenta e movimenta comportamentos

> O ambiente escolar é como uma espécie de aquário no qual se refletem as ideias, o estilo moral, as atitudes das pessoas que nele vivem.
>
> *Loris Malaguzzi*

O aspecto da educação que mais visivelmente expressa, reproduz e reflete nossos princípios educativos é o ambiente, porque o cenário escolar que nos rodeia e no qual estamos imersos nunca é neutro. É precisa a metáfora de um aquário, nas palavras de Malaguzzi, espelho e reflexo fiel de quem o habita.

A organização do ambiente escolar não é um espaço meramente externo ou decorativo. Está em estreita relação com diferentes campos do conhecimento: Arquitetura, Filosofia, Ecologia, Educação, Psicologia, Física, Arte... Por isso, trata-se de um problema interdisciplinar que nos diz respeito como educadores e como pessoas.

O espaço está cheio de mensagens silenciosas: fala ao ouvido de crianças e de adultos, expressa e delata a ação educativa (independentemente de se somos conscientes disso ou não), sussurra ao ouvido de meninas e meninos sugestões de ação e de intervenção... Ao falar com as crianças, o ambiente é um meio transmissor e prolonga as intenções educativas. Ele promove atitudes e comportamentos, condiciona as relações sociais entre crianças e adultos, além de falar a toda a comunidade educacional... Então, assim, também é como um cartão de apresentação que reflete e expressa nossas intenções. Ademais, influencia-nos, infiltra-se em nossos sentimentos, em um sentido amplo do bem-estar e do equilíbrio emocional.

O espaço não é neutro

A disposição espacial não é inocente, nem casual.

Se observamos a disposição tradicional da sala, da que é fiel reflexo da imagem do conhecido conto *O pequeno Nicolau*, de Goscinny e Sempé,[1] veremos que essa organização não é inocente, nem muito fruto do acaso: ambiente uniforme, carteiras alinhadas, tablado mais alto, mesas individuais, orientação frontal, cartazes à altura dos

Fonte: Goscinny e Sempé (1961).

Os recreios do pequeno Nicolau.

Fonte: Laurent de Brunhoff (1956).

Babar e o professor Grifaton.

[1] N. da T.: *Le Petit Nicolas*, no original em francês, obra escrita por René Goscinny e ilustrada por Jean-Jacques Sempé. É, na verdade, uma coleção de cinco livros com histórias curtas protagonizadas por Nicolau, um menino em torno de 7 anos, bem travesso. Narrado em primeira pessoa, acompanhamos Nicolau em suas trapalhadas. É por meio da ingenuidade e do jeito brincalhão típico da mentalidade infantil que se expõem as contradições e os absurdos do mundo adulto. Após a morte de Goscinny, foram lançados mais livros por sua filha em parceira com Sempé, recompilando histórias que tinham sido publicadas em outros meios.

olhos do adulto, parca ou nenhuma oferta visual... Tudo isso expressa uma ideologia de poder, de hierarquia e de desigualdade de planos e de papéis. Esse espaço diz: não há nada interessante para aprender ou escutar o que está ao lado, adiante nem atrás; não há nada para falar com os pares, tudo conduz para olhar ao professor, de quem procede a única verdade e a autoridade.

Agora, direcionemos nosso olhar à outra imagem: *Babar e o professor Grifaton* (em tradução livre), de Laurent de Brunhoff.[2] A disposição nos fala de uma escola com um espaço aberto, com atividades diversas, muito bem representada pelo ilustrador. A disposição intencional dos materiais fala de uma mensagem radicalmente distinta: espaço aconchegante, amável, próximo do lar, conectado à natureza. No plano comunicativo, igualado à altura das crianças, com arte como oferta visual, diversidade de atividades e materiais: observação, experimentação, jogos, tapete, mesa, terrários, autonomia e escolha livre, aprendizagem entre iguais, ambiente investigador rico e estimulante, professor e crianças aprendendo juntos, atitude de escuta.

Se observarmos o ano da primeira edição de cada uma dessas obras, é curioso comprovar que *O pequeno Nicolau* é de 1961 e *Babar e o professor Grifaton* foi publicado pela primeira vez em 1956. Tempos históricos coetâneos, no mesmo país, e que correspondem a tão distintos padrões educacionais.

Duas dualidades opostas, dois modos de entender a escola que nos deixam claro que o cenário escolar nunca é neutro.

---

[2] N. da T.: *Babar et le Professeur Grifaton*, no original em francês. A série original de Babar foi escrita e ilustrada por Jean de Brunhoff, em cocriação com sua esposa, Cécile, que criou as histórias para seus filhos. Após a morte de Jean, seu filho Laurent continuou o trabalho, sendo o título aqui citado creditado a ele. Babar é um elefante que perde a mãe, morta por caçadores, e vai para a cidade, onde se socializa e ganha amigos, retornando ao seu mundo, onde se casa, vira rei e enfrenta os perigos da selva. São histórias que proporcionam, por meio de metáforas sutis, a entrada das crianças na vida real. Apesar de seu grande sucesso, a obra foi criticada por apresentar alguns ideais colonialistas e uma visão limitada de mundo, que tinha na imagem do homem branco ocidental a civilização, o sucesso e o correto. No Brasil, além da publicação em livro, Babar ficou conhecido por sua série televisiva homônima, que foi transmitida pela TV Cultura no início dos 1990. Atualmente, a série recente *Babar e as Aventuras de Badou* é uma "repaginada" do personagem, feita em animação computadorizada.

Um espaço de vida

A pergunta central no momento de pensar no espaço escolar é: Como vamos habitá-lo? Como vão se estabelecer as relações entre crianças e adultos, entre meninas e meninos, entre as pessoas e os objetos?

É o que Malaguzzi define como criar um "espaço amável", caloroso, acolhedor, de pertencimento. Resumidamente, trata-se de projetar um espaço de vida, com tudo o que isso implica. Afastar-se da ideia de espaço separado para "aprender". Vida e aprendizagem são um todo indissolúvel. As escolas, nas palavras de Bronfenbrenner, não devem ser conglomerados distantes da vida da comunidade e da vida para a qual supostamente estão preparando as crianças.

Um espaço habitável é um lugar onde rir, chorar, dormir, sonhar, jogar, aprender, descansar, alimentar-se, relacionar-se, descobrir, inventar, surpreender-se, crescer, desfrutar... Em uma palavra, *viver*. Temos de pensar que mundo queremos, para que a escola recrie esse espaço de vida, para que seu ambiente fale por nós, e seus espaços e materiais se tornem, como nos sugere Malaguzzi, "cúmplices dessa ideia".

Fala-nos ao ouvido

Conhecer as respostas das mensagens silenciosas que o espaço projeta é indispensável para um professor. Falemos esta nova língua: sejamos "espaçofalantes", para que o ambiente se transforme em nosso melhor aliado, que, de uma maneira lúcida e consciente, conecta-se à nossa intenção, e o percebemos como poderoso instrumento educacional.

Flexível e mutável

Demos pautas de intervenção a meninos e meninas, de forma que sejam protagonistas ativos e tenham oportunidade de mudar e intervir nos espaços e possam modificá-los de forma flexível e criativa. As crianças têm direito a criar ambientes imaginários ou reais, em espaços dúcteis, adaptáveis às mudanças. Podemos falar de epigênese, termo que alude a um ambiente "mutável e manipulável" (Cabanellas, Eslava e Fornasa, 2005).

O espaço é algo vivo e em contínua transformação. Pensemos nele como um lugar flexível, em contínua mudança, que se adapta às necessidades; espaços para a incerteza, para a surpresa, para a transgressão, que se modificam e que, efetivamente, evoluem com quem os habitam.

Entorno e comportamentos

Os espaços nos quais nos movimentamos mobilizam nossos comportamentos. O cenário escolar ajuda, também, a evitar problemas e a gerar calma e tranquilidade. Muitos comportamentos casuais são produzidos por determinada disposição de espaços e materiais que "convidam" a algumas ações, e não a outras. Ruídos indesejados, aglomerações, tropeços, desordem etc. são, em muitas ocasiões, motivados por um espaço que dispõe e convida a isso, sem que sejamos conscientes de suas causas. São fáceis de evitar, com mudanças pequenas e simples na organização desse espaço. Simples estratégias de disposição do cenário escolar podem atuar a favor de nossas intenções docentes e das necessidades e dos anseios de meninos e meninas.

Além disso, é um excelente ponto de observação para a escuta: para entender comportamentos, linguagens não verbais, desejos das crianças; para interpretar suas respostas, investigar, saber observar com discrição, devolver propostas enriquecidas; em resumo, para criar espirais de comunicação entre seus habitantes.

Proposta de princípios educativos na organização ambiental

Minha proposta consiste em projetar nosso cenário escolar com base em uma imagem da infância que dê lugar a uma série de princípios de ação educativa. Estes princípios serão o eixo de conexão com o cenário escolar em busca de uma harmonia, servindo como base para a revisão e a organização de nosso ambiente escolar.

Por exemplo, se a imagem de criança que temos é a de alguém necessitado de ajuda e que depende de nós para aprender, organizaremos o cenário escolar de uma maneira muito diferente do que se acreditarmos que uma criança é capaz de ser autônoma e de aprender por si mesma, além de com os adultos.

Assim, o espaço nos é oferecido como uma tela em que se estampa as cores de nosso modelo educacional, em coerência com nosso fazer, nosso dizer, nosso acreditar e nosso sentir.

O guia-proposta que apresento se baseia em alguns princípios educativos. Eles estão relacionados a uma imagem de criança inteligente e capaz, com cultura própria, cheia de capacidades, construtora e criadora, possuidora de múltiplas linguagens expressivas, que cresce em interação com seus iguais e com os adultos que a rodeiam.

Baseia-se em um paradigma interativo e socioconstrutivista, que pretende superar antigos modelos tradicionais, tecnocráticos ou ativistas. É subjetivo, revisável e, como tal, discutível.

De um ponto de vista pessoal, defendendo, sem dúvida alguma, o modelo interativo ou investigativo, não como modelo fechado, mas em contínua revisão. Porém, minha intenção não é expor como um modelo único, tampouco tentar exportar esse modelo sem uma reflexão prévia.

Assim, a seguir, exponho alguns princípios de referência em conexão com essa imagem da infância, que pretendem oferecer não um caminho

Proposta de princípios educativos

Significatividade e escuta
Identidade
Autonomia
Interação e comunicação
Diversidade
Habitabilidade
Estética e beleza
Ordem e equilíbrio
Complexidade e criatividade

fechado, mas, sim, uma mostra suscetível de se adaptar e de ser transformada de acordo com cada realidade.

Com base em cada princípio, são oferecidas sugestões concretas de organização espacial em coerência com eles. Não são soluções fechadas e provêm de muitas escolas e profissionais de Educação Infantil, que aplicaram com lucidez soluções criativas em seu contexto.

Evidentemente, os princípios se entrecruzam e se conectam entre si em forma de rede. São a expressão de diferentes intenções, e não de apenas uma. Os exemplos que ilustram cada princípio são oferecidos como sugestão de possibilidades suscetíveis de ampliação detalhada.

Significatividade e escuta: espaços cúmplices

Este seria o eixo ou primeiro valor em torno do qual partem os demais. É o princípio educativo de referência. Baseia-se no reconhecimento consciente de que nossa principal função é o respeito ao desenvolvimento de uma infância com uma cultura própria.

O termo *significatividade* parte de determinado conceito de ensino-aprendizagem e consiste em relacionar ideias e ações de modo não arbitrário, levando em conta ideias e interesses prévios dos participantes para criar novas aprendizagens. Em outras palavras, parte dos interesses e dos conhecimentos prévios para criar novos conhecimentos. Está associado ao contexto cultural em que se produz a aprendizagem.

E se extrapolarmos o conceito *significatividade* ao espaço ambiente escolar e nos perguntarmos quando um espaço é significativo?

Ideias prévias: espaços reconhecidos

Cenários semelhantes às experiências e aos lugares conhecidos e amados pelas crianças: do lar, do bairro, da cidade, do exterior, da natureza, da brincadeira etc.; escolas com espaços reconhecíveis, não alheios às experiências prévias de seus habitantes, à cultura da infância. Proximidade, tanto física quanto afetiva. Tudo o que nos é próximo nos interessa.

Interesses prévios: espaços interessantes

Lugares *para as* crianças e *das* crianças, espaços que permitam desenvolver sua cultura; que sugiram brincadeiras maravilhosas; que não estejam cobertos por nossos objetivos adultos; que não estejam fechados ao imprevisto; que suscitem o interesse, a curiosidade, a emoção; que permitam desenvolvimentos tranquilos, sem pressa, sem metas marcadas de antemão... É um fator de flexibilidade que convoca à investigação e à abertura.

Espaços que criam novas aprendizagens

Estimulantes, que os adultos projetem com base na observação, que as crianças possam modificar e alterar. Espaços nos quais surjam novas propostas que sugiram novas ações baseadas na escuta, na atenta observação das ações espontâneas das crianças, para ir além, com propostas ricas, abertas, criativas.

Espaços significativos

Que tenham sentido para todos, que sejam sentidos do coração, que estejam consentidos por todos os que o habitam. Espaços aceitos e compreendidos.

Espaços prometidos e comprometidos com uma cultura da infância

Para isso, a primeira ação a ser realizada é abaixar nossa estatura, agacharmo-nos para observar o espaço do ponto de vista da criança, para poder olhar os pequenos nos olhos, cara a cara. Mas esse gesto tem que ir um passo além da ação física. Colocarmo-nos à altura de meninos e meninas, de sua medida real e, também, emocional. Agacharmo-nos para nos aproximarmos do chão e para entrar na espiral de nossa lembrança emocional da própria infância. Todos temos uma menina, um menino interior, às vezes, silenciado(a), esquecido(a), dentro, muito fundo, como no "coração" de uma cebola. Lembremo-nos de quem somos com base em nossa própria imagem interna, entendamos como é nossa memória emocional, os porquês das ações dos pequenos.

Porque os microgestos das crianças, que nós, os adultos, de nossa onipotência muitas vezes não observamos nem compreendemos, expressam uma profunda sabedoria, uma necessidade biológica e cultural. Quando, por exemplo, as crianças procuram refúgio debaixo de uma mesa circular, protegidas embaixo de suas saias (e quem não fez isso quando pequeno?), não está expressando um capricho casual, mas, sim, o impulso natural de observar sem ser visto, de ter intimidade, de encontrar miniespaços à medida que se sentem protegidas dos enormes e incomensuráveis ambientes dos maiores... Se nós, os adultos, olharmos para trás e pensarmos na primeira casa onde fomos pequenos, não lembramos dela muito maior do que a notamos depois, ao crescer?

Fonte: Richard Leeming – Flickr.

Cantos íntimos, conversas privadas, refúgios secretos...

> Também há segredos na etapa dos três anos. Agora, revelamos: os esconderijos! Debaixo das cortinas, debaixo da mesa luminosa, e debaixo do cavalete. Depois, também há um "buraco-esconderijo" debaixo da plataforma cinza de construções de Lego.
>
> É muito bonito se esconder, é divertido, porque se não o encontram, nesse esconderijo dá vontade de rir! (Del Río, Spaggiari e Vecchi, 2004)

Isso nos fala das distintas perspectivas: a dos adultos, a das crianças e do quão necessário, para uma professora ou para um professor, é contemplar os espaços dessa outra perspectiva, a da cultura da infância, para entender e projetar ativamente espaços para a *escuta*.

Procurando espaços cheios de significado, construiremos pontes em direção a uma "arquitetura da felicidade" (Alain de Botton). Espaços cúmplices de crianças e de adultos, abertos a segredos e a descobertas, à curiosidade e à investigação, a se sentir seguro e acolhido. Cúmplices do acaso e de suas surpresas, de uma escola que se afasta dos "resultados" para encontrar "caminhos", amante do imprevisto, da confiança que cada dia se depara com algo novo, e da transgressão ao apostar na alegria e no bom humor diante da monotonia e do tédio, na paixão ante a indiferença e na crença de que o utópico e o impossível pode se tornar real.

Fonte: Macía (2009).

A brincadeira do esconde-esconde.

A brincadeira do esconde-esconde. Passos necessários para aproveitá-la:

– Espere o entardecer, momento ideal para encontrar um gigante faminto rondando pelos arredores.

– Dispute o direito de se manter erguido e faça seus ossos beijarem o chão.

– Uma vez curvado, utilize seu esqueleto vencido como "casa", "pique" ou centro principal da brincadeira.

– Comece uma conta, precisa e rítmica, até um número previamente combinado.

– Esqueça que existem os adultos e sua tendência a interromper atividades da importância da que está aqui descrita.

– Lembre-se de que você precisa, pelo menos, de um bom amigo disposto a se esconder. Se não conseguiu, lance-se em uma busca e aproveite, senão... a brincadeira já vai ter começado há algum tempo. (Macía, 2009)

Identidade

Ser quem somos, ter consciência do eu, dos outros e do grupo cultural em que crescemos pode ser representado com a imagem de uma pedra quando cai em uma poça e forma ondas cada vez mais amplas ao seu redor.

A onda interior refere-se ao que define cada um de nós como indivíduos, ou seja, aquilo que nos faz ter consciência de nós mesmos, de nosso próprio "eu" ante os demais. A seguinte onda mais ampla é nossa personalidade, vista do externo, já que os traços de identidade formam um conjunto de características tanto externas quanto de caráter, que faz nos diferenciarmos reciprocamente uns dos outros. E, por último, as ondas ainda mais amplas representam uma comunidade de indivíduos, um ecossistema humano, nas palavras de Bronfenbrenner, entendendo por identidade o conjunto de valores, de símbolos, de crenças e de costumes pertencentes a uma cultura.

A infância como cultura com traços de identidade própria deve se ver refletida nos cenários nos quais se desenvolve a vida das crianças. Do individual ao coletivo e ao comunitário. A sociedade, a família, a escola, nós como educadores temos a responsabilidade de respeitar, potencializar, facilitar e oferecer vias de expressão para o desenvolvimento e os traços diferenciadores de cada indivíduo e de cada grupo. Lugares onde se sentir identificado, aceito, onde aprender o longo caminho de se conhecer a si próprio e aos demais, e onde poder expressar cada personalidade única. Os traços de quem e como é cada um, afeições, interesses, características particulares, onde se reconhecer e onde ser reconhecido por outros.

Cada um de nós é único e diferente. Crianças e adultos. Individual e coletivamente. E essa é a base de nosso desenvolvimento, de nossa riqueza, de nosso tesouro.

Esse longo caminho do conhecimento de si próprio não é um fato interior e isolado. Somos observadores e, também, observados; por isso, nossa personalidade se forja no reflexo de quem nos olha. Somos o eu e somos o outro, e somos quem somos pela mediação de como nos olham aqueles que nos rodeiam. Observar e sermos observados é o eixo ao redor do qual gira o desenvolvimento humano.

Fonte: acervo particular de José Antonio Barrajón.

Olhar-se: a primeira janela em direção a um reconhecimento mútuo.
Gael e Pepe – Miraflores, Madri (Espanha, 2013).

A profundidade e a importância que isso tem em contextos educativos é evidente. Olhar com respeito e confiança em relação aos demais, em especial, aos meninos e às meninas, é criar uma projeção de segurança, de confiança; é potencializar a autoestima, o reforço positivo de sua própria identidade no respeito e no afeto.

Nas escolas, levados pela urgência e pela pressa, é habitual que se entenda identidade em sua acepção mais externa e nominal: símbolos, nomes, desenhos com os quais identificar casacos, sacolas, pastas etc. Não podemos ficar nessas simples e isoladas expressões de identidade. Deve-se ir muito mais além.

Os adultos de toda a comunidade educativa, famílias, pessoal não docente e professores somos também indivíduos com identidade própria e características diferenciadas que deveriam se refletir nos espaços da escola; ecos nos quais nos reconheçamos, identifiquemo-nos, mostremo-nos e façamo-nos visíveis. Não apenas fatores externos, de ordem prática, mas também – e muito mais importante – de índole emocional.

Tempos, materiais e espaços também requerem e projetam uma identidade, com características próprias, que formam uma linha transversal no mapa da vida da escola. Portanto, é preciso que se sintam e se vejam, que tenham sentido e coerência, para serem reconhecidos por todos; para criar entornos com memória e com sentido; para que nos ajudem a nos localizarmos espacial e temporalmente.

> Paredes e muros documentados, repletos – também de silêncios, para que possam falar novos protagonistas – de testemunhos e de memórias que a escola vive e viveu. Pavimentos, tetos, vidraças e paredes são aproveitados como oportunidades de que a escola fale de sua própria identidade cultural por meio de diversos painéis documentais, que narram histórias ou processos vividos e que os adultos tornam visíveis com uma estética pensada e cuidada. (Cabanellas, 2005)

A identidade da escola

O edifício escolar é muito mais que um conjunto de salas. Os ambientes comuns são entornos privilegiados para o encontro, para o reconhecimento mútuo.

Nesse sentido, *a entrada* da escola é um espaço de primeira ordem a cuidar e projetar. Por quê? Em primeiro lugar, porque é nosso cartão de apresentação: para os que entram pela primeira vez, para os que a visitam ocasionalmente e para os que a frequentam todos os dias. Porque fala silenciosamente, acolhendo a todo aquele que adentra pelos portões da escola. Crianças e adultos. E essa experiência é determinante, por exemplo, para "os novos", que entram pela primeira vez: experiência cheia de sensações e mensagens sem palavras, que são gravadas na memória e condicionam as sensações e a relação que os pequenos vão estabelecer com esse segundo lar que é a escola.

Assim, em um saguão de entrada, é conveniente que existam:

- Fotos e nomes da equipe de educadores, que refletem a identidade da comunidade educativa: de toda a equipe, docente e não docente, com seus nomes em lugar visível.
- Fotos e nomes dos meninos e das meninas com seu grupo e seus professores.
- Painel documental, com definição dos princípios educativos. Simples e de fácil leitura, que nos defina.
- Painéis de documentação fotográfica de algum evento ou atividade significativa realizada na escola. Mensagem silenciosa que conta o que fazemos, o que nos importa e nos é relevante.
- Objetos e mobiliário para a espera, para o encontro: cadeiras, algum banco, almofadas de chão, para os maiores e os menores.
- Propostas de brincadeiras de acolhida: para jogar enquanto se espera, no chão, nos muros, nas vidraças etc.
- Painéis com informações diversas.
- Algo bonito para observar – cuidadosamente exposto – pode ser algo criado pelas crianças, algum mural artístico etc., à altura dos olhos de todos: dos maiores e dos menores.

Fonte: Opal School, Portland. Nicholas Wang – Flickr.

Identidade da escola, painel de documentação sobre princípios educativos da escola no saguão de entrada.

Na foto: Escola Opal – Jardim de infância 1. Princípios guiadores do ensino-aprendizagem. Crianças como protagonistas. Crianças como transmissoras. Crianças como colaboradoras.

A identidade das pessoas

Refletir sobre a identidade *individual* de cada menina e de cada menino, com identificação gráfica e escrita das coisas pessoais: roupas, armários, sacolas de troca, lanche, pastas para o que se faz e o que se deseja guardar etc. Isso pode ser representado por meio de fotografia e nome ou, também, de símbolos que identifiquem as coisas de cada um; é melhor ainda se o elemento identificador de cada um for criado pelas próprias crianças.

Também com os menores, desde o berço, o que os distingue pode e deve estar presente: por exemplo, com cartazes nos berços (com o nome) que expliquem o que mais agrada a cada um, como prefere dormir, seus brinquedos preferidos, seus gostos...

Além disso, existe o mundo do privado, do pessoal, dos *hobbies*, das emoções; assim, pode haver, por exemplo:

- Lugares especiais, como o canto dos tesouros.
- Caixas pessoais e de segredos (nas quais o adulto deveria intrometer-se).
- Murais que vão crescendo e se modificando com o passar do tempo, sobre aquilo que nos faz diferentes: retratos individuais em fotografias ou em obras de arte compostas pelas crianças; peculiaridades e diferenças; representação do dia do aniversário, da casa onde vivemos; os "namorados", os amigos, as panelinhas e os grupinhos; os bichos de estimação; os brinquedos favoritos etc.
- Álbuns na biblioteca que falem de todos e de cada um; acontecimentos, com fotografias, anedotas, uma memória coletiva para visitar e revisitar o dia em que fizeram excursão, em que houve um concerto na escola, em que se celebrou uma festa etc.
- Identidade também referida à alteridade, à capacidade de se sentir e de se transformar em outro. Atividades em relação com o jogo dramático: as fantasias, as máscaras, o teatro. Especial importância ao teatro de fantoches como canal de expressão e de comunicação, não só no aspecto plástico da criação, mas também no teatral, no prazer de criar e/ou de projetar a identidade por meio de um personagem imaginário, de ser espectador de outras identidades e de se comunicar com o fantoche de referência em sala, intermediário e confidente.

A identidade dos grupos

Por um lado, o grupo grande, para se reconhecer no âmbito de toda a escola, com nome, logotipo e símbolo de "clube"; reforço de identidade grupal, de pertencimento e de acolhida.

Por outro lado, as equipes, os pequenos grupos, os amigos, as duplas, os conjuntos de trabalho, as companhias teatrais, os grupinhos e as panelinhas... Esses símbolos referenciais podem ser procurados e selecionados por parte das crianças. São elementos de referência, reforçam os laços de afeto e contribuem com segurança e autoconfiança, ao se sentirem aceitas pelos demais e fazer parte de uma comunidade.

Além disso, todos os adultos que habitam na escola, pessoal docente e não docente. Também os adultos devem dispor de espaços específicos, que correspondam às nossas necessidades. Com espaços confortáveis, similares aos de casa, para descansar, reunir-se com os demais colegas, ter livros de consulta ao alcance; locais para guardar o que é pessoal, para se relacionar e para conviver.

A imagem externa da equipe da escola, docente e não docente, como indivíduos e como coletivo, também deve encontrar seu lugar. Pode ser por meio de fotos de apresentação em murais ou para ter a oportunidade de conhecer os adultos pelas opiniões das crianças. Podem ser expostos trabalhos sobre alguns temas, por exemplo: "Como são nossas professoras?"; sobre o pessoal não docente, que também é da comunidade educativa, que trabalha na escola todos os dias e se relaciona com todos: os cozinheiros, o pessoal da limpeza etc.; "Quem são nossos cozinheiros?", da perspectiva das crianças, criando um mural, com frases relevantes, com as palavras das criança, com fotos. Momentos para se reencontrar com um novo olhar.

> Suas professoras são Paola ou Evelina, estão com você durante três anos. [...] Paola é um pouco gordinha, e Evelina é mais jovem. Faz mais tempo que Paola nasceu. Paola é muito bonita. Evelina é bonita e amável. Evelina normalmente é boa, mas nem sempre. [...] Quando está de saia, sempre usa meias listradas, porque gosta muito. Tem o cabelo ruivo e castanho. É longo e ondulado. Quando nós pedimos alguma coisa, elas fazem. Tomara que todas as professoras sejam assim. (Del Río, Spaggiari e Vecchi, 2004)

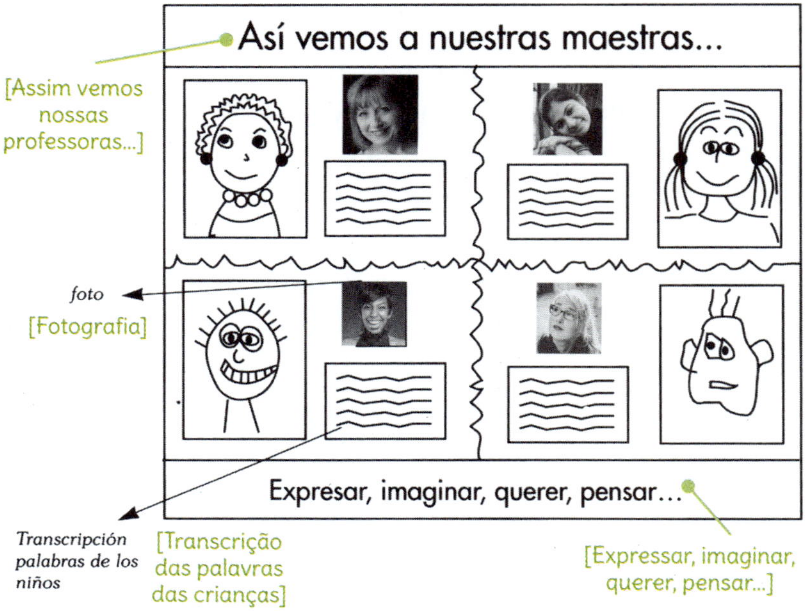

"Assim vemos nossas professoras".
Esquema de inspiração para um painel de documentação na escola.

A identidade dos tempos e dos momentos

Reflitamos sobre o tempo: é uma abstração adulta, não se toca, não se vê, não tem cheiro, não é real... Quando uma criança entra na escola pela primeira vez e não vê sua mãe nem seu pai por um longo tempo e chora, nós lhe dizemos: "*Depois, mais tarde, a mamãe vem...*". Observemos que, além de isso não ser um consolo, o choro fica ainda mais forte, e o desgosto é ainda maior. Nossa mensagem adulta não se conecta com as crianças, pois, de todo o nosso discurso, palavras como "depois", "logo", "mais tarde", "em uma hora", "em um momento" etc. pouco dizem a uma criança separada de seus entes queridos. Importa apenas a palavra-chave escutada: "*mamãe*". Na infância, vive-se sabiamente em um presente contínuo, longo e amplo; importa o "aqui" e o "agora".

> A consciência do tempo está ligada à consciência da mudança. Os ritmos biológicos, como acordar, comer e dormir, ordenam-se de uma maneira previsível e proporcionam, assim, as primeiras experiências de sucessão temporal e de duração, a partir das quais as crianças provavelmente começarão a desenvolver a noção do tempo. Para isso, é importante saber o que acontece e em que consistirá a jornada. Os acontecimentos destacados, como a comida ou o banho, constituem o marco que lhes ajudará, ao longo do processo, a compreender o mundo. (Korintus, 2014)

Se tornamos apreensível o tempo emocional, das experiências mais sensíveis, em forma de imagens, em que se vê, contempla-se o que há depois de cada coisa, convidamos a "tocar" o tempo. A roda dos dias, dos relógios, dos momentos que retornam, do mundo que gira, pertencem a nós como cultura humana desde que o mundo é mundo, desde a Idade da Pedra, com seus cultos ao Sol. São como os mapas do tempo, mandalas circulares, símbolos de eternidade, que nos indicam que os acontecimentos significativos do dia a dia, contam de um tempo que traz coisas que se repetem. Podemos aproximar tudo isso de forma tangível, sensorial, porque nos ajuda a entender o mundo, e isso não apenas nos tranquiliza e dá segurança, mas também nos torna mais poderosos, mais fortes.

Assim, podemos, então, "tocar" o tempo por meio de:

- rodas e espirais do tempo;
- tiras de histórias em quadrinhos, em que se veem em imagens as sequências diárias;
- calendários inventados coletivamente, em que se refletem acontecimentos importantes para todos, passados e futuros;
- relógios que marquem o passar do tempo visível ou auditivamente, como relógios cuco, relógios de sol no pátio ou jardim, ampulhetas etc.;
- objetos e símbolos que identifiquem as rotinas diárias de descanso, de higiene, de alimentação, de sair para o jardim ou pátio etc.

Isso também se faz pela referência aos ritos, aos momentos especiais em relação com temas únicos: festas, aniversários, excursões no calendário etc. E para identificar atividades emocionais de grande interesse e expectativa de todos: as saídas para fora da escola ou as visitas de pessoas especiais, como músicos, médicos, um pai, uma mãe, avós, que vêm para ensinar algo, para ter uma conversa sobre algum tema de interesse delas, para contar histórias, fazer *performances*... São ocasiões privilegiadas que devem ter lugar próprio, e, por meio das quais, temos consciência do passar do tempo.

No "antes":

Riscar e contar os dias que faltam no calendário; preparar perguntas e detalhes do evento. Criar materiais, como cartões, convites, presentes... Todo um excitante mundo de expectativas e de preparativos.

No "agora":

Realizar o previsto... e o imprevisto.

E no "depois":

Recordar, aproveitar entre piadinhas e risadas com as anedotas. Ver fotos e fixar na memória coletiva o já vivido, por exemplo: com jogos de cartas fotográficas, para ordenar as fotos do que já passou (uma excursão, uma festa). Essas fotos podem ser plastificadas e guardadas em sacolas com o nome da experiência, para poder recriá-las quando se deseje, em *petit comité*,* na roda ou para somente um. Assistir a vídeos ou brincar para representar coisas que já aconteceram. Fazer tiras de histórias em quadrinhos para rememorar o já vivido. Brincar para relembrar coletivamente com jogos de narração de contos, como "Seu Princípio, Seu Meio e Seu Fim".** Mil e uma possibilidades para recriar a aconchegante lembrança da vida, que, quando volta ao nosso coração, renova-se e torna-se real.

*N. do E.: pequeno grupo. **N. da T.: *Don Principio, Don Medio y Don Final*, no original.

Fonte: acervo particular da autora.

O tempo refletido: uma excursão ao Castelo de Viñuelas.
História em quadrinhos – Juanjo, 5 anos. San Sebastián de los Reyes, Madri (Espanha, 1985).

A identidade de cada espaço

Os lugares não são indiferentes. Cada canto, cada lugar tem uma energia diferente e deve ser projetado com calma e com intenção de sugerir ações e pensamentos. Os objetos associados a eles também. Isso deve se refletir visualmente para enriquecer os diferentes cenários e as experiências que neles têm lugar.

É habitual ver que são colocados, nas escolas, coisas em muros e paredes ao acaso, por uma questão meramente decorativa, para preencher espaços ou enfeitar. Mas isso não tem nenhum sentido. Os espaços devem ser acompanhados dos aspectos e complementos que lhes munam de conteúdo e os enriqueçam, pensados para crianças inteligentes, que não apenas sejam observadoras, mas também protagonistas ativas das intervenções produzidas nesses cenários.

Consegue-se isso por meio de imagens ricas, sugestivas e diferentes; de sugestões de ação; de cartazes identificadores com o nome de cada área e de seus materiais; de símbolos que aludam ao seu conteúdo.

Vejamos alguns exemplos de como dotar de identidade alguns espaços. Não se trata aqui de descrever os materiais próprios desses espaços, mas, sim, os dos elementos que possam enriquecer sua identidade. Tampouco se pretende fazer uma lista de espaços de referência. São apenas simples exemplos traduzíveis a qualquer outro espaço da escola.

A área das fantasias

Além dos materiais que são próprios do local (baús, roupas, sapatos, chapéus, espelhos etc.), dotar de identidade significa também enriquecer seus muros com propostas em que se situem, por exemplo, entre outras muitas possibilidades, fotografias de momentos nos quais se fantasiaram, fizeram festas de Carnaval... Lembranças em grupo. Ademais, com imagens criativas de temas próprios das fantasias ou de perspectivas fotográficas incomuns do corpo (como as sugestivas imagens de *Animãos*, de Mario Mariotti,[3] que, por sua vez, convidam à transformação corporal); com fotos em grande escala de detalhes do corpo; com imagens diferentes do mundo da arte e da cultura: cabeçudos,[4] máscaras venezianas ou africanas etc. Entre as possibilidades, cita-se também as do local em que se localiza a escola, unidas ao folclore e às tradições deste; fotos de crianças e de adultos, de outros lugares e países, ou de pessoas vestidas de formas estranhas ou divertidas; jogos de *pop-up* de figuras ou rostos recortados, em que se misturem, ludicamente, cabeças, corpos e pés de diferentes personagens. Propostas fotográficas novas e inspiradoras.

---

[3] N. da T.: *Animani*, no original. Mario Mariotti é um artista italiano. Suas imagens, em geral de animais, eram feitas com as mãos, em um lindo jogo de movimento, cores e criatividade.

[4] N. da T.: figura característica de inúmeras festas espanholas, como a de San Fermín, e também portuguesas e francesas. Tem uma estatura normal de ser humano, porém, apresenta uma grande cabeça e está sempre coberto por roupas tradicionais, de acordo com o festejo, que pode ser de romaria, de carnaval, entre outros. Em geral, acompanha outra personagem característica dessas festas, os "*gigantes*" (ou gigantones, em Portugal), que é uma figura de 3 a 5 metros de altura que também veste trajes típicos. São muito similares aos bonecos de Olinda, sendo inspiração para a criação destes.

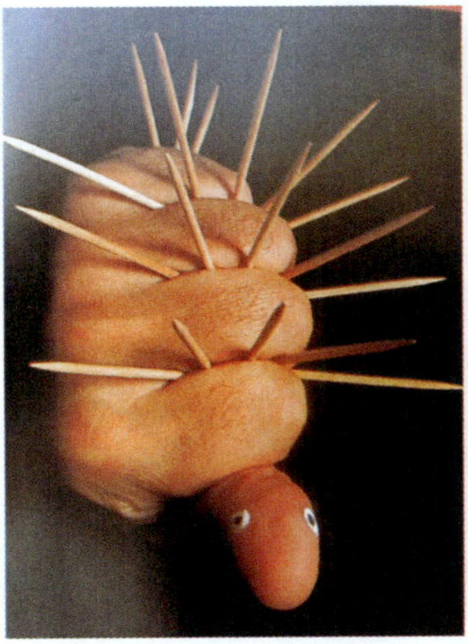

Fonte: Mariotti (1991b).

Animãos, de Mario Mariotti – O porco espinho.

Fonte: pwbaker – Flickr.

Criatura com crianças.

O refeitório

Com fotografias de alimentos, em perspectivas artísticas, em que se percebam suas cores e texturas; de detalhes ampliados de frutas ou verduras. Com imagens variadas: das próprias crianças comendo com os demais, de adultos e crianças se alimentando felizes no campo, ao ar livre, em restaurantes, em casa, em família. Com cenas de pratos diferentes: espaguetes, mexilhões, saladas etc., como nos clássicos cardápios de restaurante. E podem ser tanto de alimentos conhecidos quanto de alimentos mais exóticos[5] (gengibre, inhame, ruibarbo,[6] romanesco[7]) ou de pratos incomuns, de outras culturas que incitem a curiosidade, a conhecer o desconhecido e a integrar de modo natural a meninos e meninas de outros países que estão na escola. Também com reproduções de arte com pinturas que recriem a alimentação em outras épocas ou em estilos artísticos diversos.

[5] N. do E.: recorda-se de que se trata do contexto espanhol.

[6] N. da T.: planta comestível e medicinal, com poderoso efeito estimulante e digestivo, utilizado principalmente no tratamento da prisão de ventre. É uma importante fonte de vitamina A, auxiliando na saúde dos olhos.

[7] N. da T.: inflorescência comestível da *Brassica oleracea*, uma variedade da espécie da qual pertencem também a couve-flor, o brócolis, a couve, o repolho e a couve-de-bruxelas.

A área de banho para bebês

Com fotografias de crianças se divertindo na água, com fotos de bolhas, espuma, de imagens de banhos no mar, no rio, nas cachoeiras, na banheira etc. Com espelho grande ao lado, móbiles, brinquedos para água: esponjas, bonecos, objetos flutuantes, livros de banho... Com prismas e miçangas, que, com a luz do sol, gerem mil e um reflexos de arco-íris.

A área das construções

Além dos materiais intrínsecos a esse espaço (cestas e caixas com jogos de blocos, madeiras diversas, jogos de encaixes, mesas, espaços no chão etc.), podemos enriquecê-lo com fotos de edifícios diferentes, de arquiteturas inusitadas, novas, inspiradoras...; imagens de edifícios sugestivos por sua geometria. Construções reais ou imaginadas, provenientes da arte, como de Maurits Cornelis Escher,[8] de Norman Foster[9] ou de Frank Gehry.[10] Também imagens das casas próximas da escola, ou tradicionais, de edifícios conhecidos e reconhecíveis por todos, ou, ainda, estranhos edifícios de culturas distantes. É possível colocar, além dessas opções, quadros de outras épocas, para ver como eram as casas no passado.

Certamente, devem ser incorporados a esse espaço materiais de desenho para projetar, para pensar. Para, antes de criar, poder desenhar e projetar, ou, para depois de criar, poder desenhar o que foi construído. E, também, álbuns à vista, de fotos de montagens e de construções já realizadas antes pelas próprias crianças, em que são coletadas criações efêmeras, que sirvam de memória de grupo, mas também de propostas para outros, em uma espiral enriquecedora. Por isso, não esqueçamos de ter em mãos um celular ou uma máquina fotográfica, para poder registrar e guardar em um arquivo as construções já realizadas e que desejam ser conservadas na memória de grupo.

[8] N. da T.: artista gráfico holandês conhecido por seus trabalhos com ilusão de óptica. Suas xilogravuras, litografias e desenhos tendem a representar construções impossíveis.

[9] N. da T.: arquiteto inglês conhecido pelo seu estilo arrojado, tendo desenhado prédios importantes na Europa e na Ásia.

[10] N. da T.: arquiteto canadense desconstrutivista, responsável pela arquitetura icônica do Museu Guggenheim de Bilbao, na Espanha.

Área do refeitório.

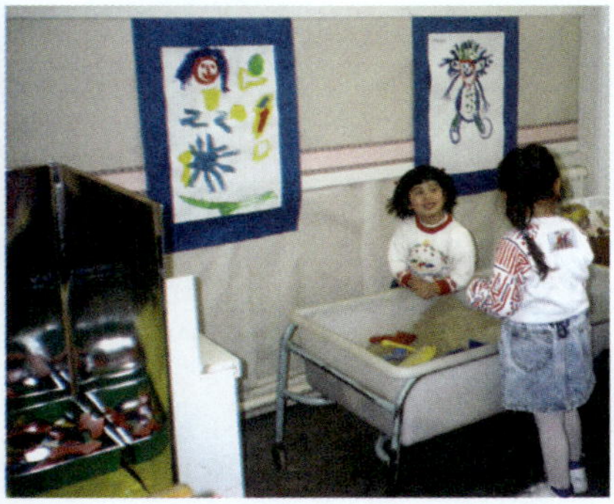

Ateliê de expressão.

Área de construções.

Fonte: acervo particular da autora.

A identidade de um espaço.
Escola Infantil Lothian (Escócia, 1995).

Autonomia

Nós, professoras e professores de Educação Infantil, em todos os âmbitos e lugares, coincidimos de forma unânime em considerar a autonomia como um dos grandes princípios educativos. Porém, tendemos a acreditar que uma criança pequena é mais autônoma na medida em que alcança e supera habilidades e destrezas de ordem física, como comer sozinha, amarrar os calçados, vestir-se sem ajuda, ir ao banheiro ou lavar as mãos... Detenhamo-nos um momento para questionar essa ideia tão majoritariamente aceita: a autonomia consiste apenas nisso? As primeiras ideias que nos vêm à cabeça quando pensamos em autonomia, com certeza, relacionam-se com o quão importante é aprender a se tornar "grande", saber mover-se no mundo, ou adquirir habilidades para não depender de outros. Às vezes, há tanta urgência, tanta pressa para que as crianças consigam essas destrezas o quanto antes que sua aquisição se assemelha a uma pista de obstáculos. E, às vezes, chegamos a ver imagens de quartel, em que as crianças aprendem um triste treinamento.

De onde vem essa obsessão, esse anseio repetido por toda parte em nossa sociedade, de correr para "se tornar grande"? Porque talvez pensemos que uma criança é mais perfeita quanto mais se pareça com um adulto, ou porque vemos essas aprendizagens como obstáculos a serem superados o quanto antes para poder dedicar-se ao importante, às "tarefas maiores".

Em contrapartida, existem, em nossa sociedade, situações habituais de superproteção às crianças, as quais são afastadas de qualquer situação de negação, de frustração ou de perda, às quais é entregue tudo resolvido e antes de ser necessário, às quais foram negadas a oportunidade, desde o berço, de fazer algo por si próprias, em que se adianta para resolver qualquer demanda, em um marco de superproteção, de desconfiança de suas verdadeiras capacidades.

Tudo isso arraiga em determinada imagem da infância, que é nosso fôlego e que nos anima para atuar de certa maneira.

Nossa sociedade se balanceia entre falsas imagens do que é ser criança: parafraseando Malaguzzi, muitas vezes, a criança é considerada incapaz, necessitada, dependente em tudo do adulto, e, em outras ocasiões, pretende-se que seja um adulto antes do tempo. Para Malaguzzi (*apud* Hoyuelos, 2004), "Por um lado, uma criança que não cresce, e, por outro, uma criança que já cresceu", em uma espécie de

> mania obsessiva, intelectual e materialista, que quer acelerar o crescimento e a produtividade cognitiva da criança, retirando-a de seus ritmos e tempos de diversão e de conhecimento, frustrando-a como personalidade complexa e unitária, e violando os direitos que lhe correspondem.

Se consultarmos o dicionário, veremos que se define *autonomia* como condição de quem, para certas coisas, não depende de ninguém, e, também, do poder para se reger mediante normas próprias. É, pois, um termo amplo, que alude a ser capaz de governar-se a si próprio, e não pelos demais, ser independente no plano físico, mas também ter opiniões próprias e normas de comportamento interiorizadas.

Constance Kamii, pesquisadora e pedagoga de referência na escola piagetiana da Suíça, estabelece a diferença entre as três autonomias: física, intelectual e moral. Comenta-nos sobre o construtivismo intelectual e ético, quando se geram ideias próprias e, também, normas éticas. A autonomia física é importante, mas é preciso dar um passo a mais, pois também é importante a autonomia intelectual e moral: ser capaz de expressar opiniões próprias e seguir as normas porque "nós acreditamos nelas", nós as assumimos, ao estarem interiorizadas, e não impostas do externo, pelo temor ou pela mera obediência.

> Minha neta, que acreditava no Papai Noel, pode nos dar um bom exemplo de autonomia intelectual. Quando ela tinha cerca de 6 anos, um dia, surpreendeu sua mãe ao lhe perguntar: "Como é que o Papai Noel utiliza o mesmo papel de embrulho que a gente?". A explicação de sua mãe apenas a satisfez por alguns minutos. Pouco depois, voltou com outra pergunta: "Como é que o Papai Noel tem a mesma letra que o papai?". Essa menina teve sua própria forma de pensar, e chegou a conclusões diferentes das que se esperavam dela. (Kamii, 1984)

Tratar-se-ia, então, também de gerar opiniões críticas, respostas e iniciativas pessoais.

> Somos pescadores de ideias, guias nos territórios da felicidade, incendiários de imaginação, observadores meteorológicos, descobridores de vidas, admiradores de façanhas. Também servimos de rede para quem "a joga"... (Arnaiz, 2014)

A autonomia, em sua concepção mais ampla, é um processo que começa na infância e prossegue ao longo de toda a vida.

Fonte: Paolo – Flickr.

O longo caminho em direção à autonomia: "Só, eu posso..., mas acompanhado".

Acreditar e confiar na capacidade de uma criança, não temer o erro e vê-lo como o caminho de aprendizagem está relacionado com nossa imagem interna da infância.

Se tivermos a convicção interna das enormes capacidades das crianças, estas se expressarão por si próprias, porque transmitiremos com cada gesto essa confiança e esse estímulo.

Diversos estudos e investigações a respeito garantem como um professor que olha e admira com confiança e otimismo para seus alunos cria grandes expectativas de êxito na autoestima, na aprendizagem para a vida e no futuro, inclusive em longo prazo, como um bonito canal de luz que se projeta adiante. Respeito e confiança são algo além de palavras bonitas: são uma força poderosa, um motor que aciona o melhor de nós mesmos. Quando olhamos um menino ou uma menina do ponto de vista da segurança e da confiança positiva plena sobre sua capacidade, sobre sua inteligência e sua bondade, estamos potencializando sua autonomia física, intelectual e ética por meio de um empurrão que dá esse alento, e também – como não? – do ponto de vista do respeito. E, assim, suas ações serão fortes, potentes, plenas e seguras. Colocar nossa atitude nesse espírito requer nossa sinceridade: é um processo não apenas mental, mas, sobretudo, do coração. Devemos colocar nossa convicção e nossas crenças nas grandes capacidades da infância, com base na reflexão, mas também na emoção.

Pressupõe uma mudança profunda no papel tradicional do docente, ao ser o professor um interlocutor diante das opiniões das crianças; além disso, deve-se estimular o intercâmbio de pontos de vista entre elas, a aprendizagem entre iguais e animar a ter confiança nas próprias ideias e iniciativas.

Fonte: Tzuhsun Hsu – Flickr.

Ilona. Shanghai (China).

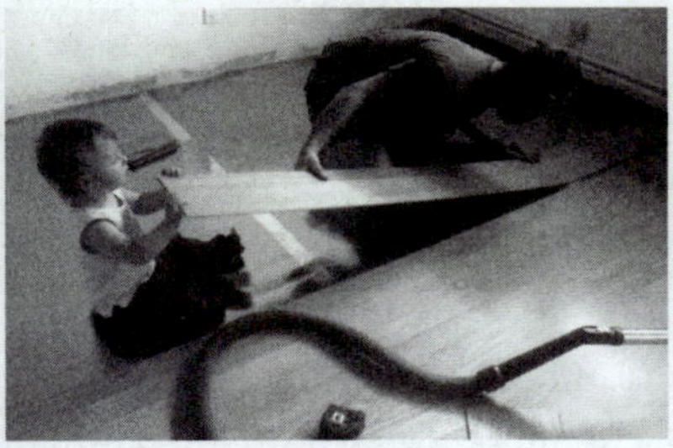

Fonte: acervo particular de José Antonio Barrajón.

Gael e Pepe. Miraflores, Madri (Espanha, 2013).

A autonomia: uma aprendizagem em companhia.

Ambientes para a autonomia

O cenário escolar deve favorecer ações autônomas, não solucionando a meninos e meninas coisas que possam fazer sozinhos ou com um pouco de ajuda, ou que possam realizar sozinhos ajudando uns aos outros. Para isso, deve-se confiar, dar tempo ao tempo, esperar, não agir sempre por impulso, pela pressa de cumprir objetivos *a priori*, pois, no bom andamento das pequenas ações diárias, na surpresa, o deleite do inesperado; na segurança da incerteza, fecha-se a guia da sabedoria de uma longa aprendizagem. A autonomia tem uma receita: cozinha-se a fogo baixo.

Quando estamos convencidos de que o importante não é chegar a uma meta, mas, sim, recriar-se nos processos, podemos e devemos sustentá-los com qualidade e com calidez, concedendo todo o tempo do mundo para que sua descoberta, sua conquista seja um ato de felicidade compartilhada; para que o erro não exista senão como caminho; para respeitar os tempos de cada menino e cada menina, seus anseios, seu modo pessoal e único de abordar os problemas; para que o adulto seja um acompanhante respeitoso.

História de Eplin: um processo de autonomia física e intelectual.
Taipé (Taiwan).
Fonte: Tzuhsun Hsu – Flickr.

Também na equipe docente é importante dedicar tempo para pensar na melhor disposição dos ambientes, já que isso será tempo ganho. De um ponto de vista prático e organizativo, dispor os materiais de um modo específico pode favorecer a autonomia. Por isso, coloquemos ao alcance de cada um o acesso a muitas atividades; também podemos evitar palavras inúteis e mil vezes repetidas sem necessidade, muitos comportamentos incômodos ou pouco favoráveis ao bem-estar, que são causados unicamente por uma disposição inadequada do espaço.

A seguir, marcamos alguns fatores que favorecem diretamente a autonomia por meio da disposição espacial.

A acessibilidade

Situar as coisas ao alcance dos olhos e das mãos, com acessos delimitados e bem definidos:

- estantes baixas e acessíveis;
- oferecer uma quantidade de jogos e de materiais em uma mesma estante, evitando o excesso, sem amontoar uns sobre outros (se empilhamos caixas de jogos umas sobre as outras, é fácil que, caso tente se alcançar a que está embaixo, as demais caiam);
- facilitar seu transporte em caixas baixas com alças, bandejas, cestas, caixas sobre rodas etc.

"Eplin é uma menina de 18 meses. No espaço da biblioteca, organiza seu mundo para ter acesso a um livro. A queda do livro representa um novo território de exploração e adjudicação de uma nova função ao objeto. Em um momento, passa de ser um livro para ser suporte e tapete. A capacidade de modificação do objeto é uma amostra evidente da criatividade, da inteligência e da flexibilidade ao serviço da autonomia física e intelectual."

A visibilidade

Expor os materiais de forma que sejam notados só de dar uma rápida olhada:

- Delimitá-los, para que sejam reconhecíveis por formato, por cor (se distribuirmos uma série de objetos em um espaço, de forma organizada e delimitada, com bases definidas, por exemplo, sobre feltros de diferentes cores e bem posicionados, que marcam o limite entre objetos, não parece diferente e que favorece a ordem de uma maneira silenciosa?).
- Mudá-los de posição periodicamente e não retirar todos de uma vez (é mais conveniente armazená-los e ir dispondo-os para o uso em pequena quantidade e por certo período).

É essencial dedicar tempo às "apresentações formais"; ao oferecimento paulatino de cada material às crianças, sem pressa; à conversa (e não me refiro a sobrecarregar com informações adultas, mas, sim, a dar tempo para que todos, crianças e adultos, pensem sobre o que é, como é, para que serve, como se usa e se cuida, como se guarda aquele material...). Não serve de nada apressar-se com o querer fazer por fazer. Há uma ansiedade muito própria de nosso trabalho, na qual, internamente, ficamos tranquilos se vemos que as crianças "fazem" muitas coisas. Porém, o fazem sem um sentido; trata-se de um ativismo, e nada mais, porque as ações interessantes têm significado e, para isso, requerem calma. Tão interessante como a ação com um objeto é a projeção do pensamento sobre este.

Os materiais, à medida que são usados por um tempo, podem ser substituídos por outros novos e, tempos depois, retornar com os antigos. Agrada muito às crianças se reencontrarem com antigos brinquedos, já que estes representam um laço afetivo com o passado e, ao crescer, evoluir, e voltar a se encontrar com material conhecido um tempo depois, algo que se faz sempre com novos olhos.

Muitos materiais devem ser oferecidos de frente, e não de lado, para saber de antemão de qual se trata. Por exemplo, os livros na biblioteca. Assim, favorece-se a escolha acertada e o trato cuidadoso. Do mesmo modo, os livros devem ser apresentados um a um pela primeira vez, lidos em conjunto e renovados ciclicamente. Isso desperta o interesse, evita bagunças e problemas de falta de autonomia ao recolher os livros e na manutenção deles. Também os fantoches e as bonecas devem estar situados de forma visível, e não guardados aos montes em um baú, em que, se alguém for buscar algum, pode pegar um que fique sem cabeça e sem mãos, estragar as roupas... Esses são apenas alguns exemplos de visibilidade em espaços escolares, mas seus critérios são similares em outras áreas.

É importante manter embalagens bem etiquetadas e classificadas, que favoreçam sua recolhida sem intervenção permanente do adulto. Esses critérios de classificação devem ser conhecidos, decididos e aceitos previamente por todos, para que sintam como seus. De nada serve que organizemos tudo a nosso gosto sem que os meninos e as meninas sejam partícipes disso, e, depois, esperemos que obedeçam às nossas diretrizes. Apenas com as decisões tomadas de maneira coletiva será possível realizar uma ação verdadeiramente autônoma.

As etiquetas deverão ser colocadas, de preferência, na estante e no próprio material. Podem ser feitas com fotos reais do objeto, com desenhos feitos pelas crianças ou com símbolos e palavras.

Evitar caixas semelhantes, que se confundem umas com as outras; procurar recipientes e caixas diferentes. São úteis os transparentes e abertos, porque permitem ver o seu interior e, assim, escolher o que se deseja. Se os jogos estiverem em caixas similares, não devemos estranhar que uma criança abra todos para saber qual escolher e pode ser que vá em outro e em outro..., algo, às vezes, interpretado como falta de interesse e de atenção (e dizemos coisas como: "*Termine esse jogo antes de pegar outro*"), quando o que acontece, na verdade, é que a criança deseja saber qual é antes de brincar. Isso seria resolvido de modo simples ao colocar os jogos em embalagens diferentes.

Espaços com acessos claros, definidos com materiais visíveis e acessíveis. Escola Congrés Indians, Barcelona (Espanha).

Fonte: Valverde (2014).

O controle do barulho

É normal fazer barulho ao deixar e pegar materiais. Isso pode ser diminuído com feltro na base da estante em que se situam as caixas mais pesadas, os quebra-cabeças de madeira, as bandejas etc., de forma que absorvam os ruídos.

Em cômodos cujo pé-direito seja muito alto, os sons podem ser estridentes, e, de uma forma inconsciente, alterar o ato de se estar à vontade, modificando o humor. "Rebaixar" o teto com simples tecidos dispostos, como de tendas ou telhado, além de tornar o espaço mais acolhedor, melhora os sons incômodos.

A claridade

Os acessos aos diferentes espaços devem ser claros, bem definidos, assim como a disposição do mobiliário e dos objetos.

As normas de uso devem ser claras, criadas, estabelecidas e conhecidas por todos. Elas podem ser lembradas por meio de fotos, cartazes ou cartões com desenhos ou símbolos visíveis, colocados no lugar adequado (na área de jogos de água, na biblioteca, no teatro de fantoches, na horta etc.). Os cartazes podem ser confeccionados pelas crianças, ajudadas pelos adultos, na escolha do formato, do tamanho, da situação, e, também, dos textos, feitos preferencialmente com as palavras das próprias crianças. Normas de todos e para todos, que criem autonomia ética ao promover o respeito a estas, porque são decididas, adotadas e criadas por todos, e não impostas e carentes de sentido.

Esses cartazes serão, assim, a lembrança coletiva de como decidimos que deve ser utilizado determinado material. E serão as crianças quem lembrarão umas às outras, evitando papéis indesejados para nós, ao passo que adultos que repetem, exigem, ordenam, lembram, dando-nos, assim, o tempo para intervir de uma maneira mais afetuosa e próxima.

O acesso a diferentes áreas, ateliês ou cantos também pode ser feito de forma mais autônoma se, por exemplo, dispormos um mural simples, com as áreas representadas visualmente, e cartazes móveis, com os nomes de cada criança, de modo que cada um possa ir colocando à medida que muda de uma área para outra.

Promover a independência

Em outras palavras, favorecer o acesso autônomo a diferentes ações de forma interessante e atrativa.

Há muitas atividades que costumam ser feitas em conjunto com a presença adulta, por exemplo, cantar canções, recitar poemas, brincar com água, comprar e vender, alimentar-se, recolher, tecer, adivinhar... Não seria maravilhoso disponibilizar cenários para que meninos e meninas pudessem fazer tudo isso – e muito mais – também sozinhos?

Alguns exemplos:

- Disponibilizar o refeitório da escola no conceito de *self-service*, em que meninos e meninas possam escolher seu cardápio diante de diferentes opções, de forma que os aspectos nutritivos sejam basicamente iguais, mas que se possa selecionar entre formas distintas de comer: por exemplo, salada ou gaspacho,[11] filé com batata frita ou carne cozida com purê de batata... Isso inclui desde a primeira etapa, antes dos três anos.
- No refeitório, pôr e tirar a mesa.

> Nesta escola, são as crianças que põem a mesa: os guardanapos, depois os pratos, depois os pratos fundos para o primeiro prato, depois os copos, depois, quando você tiver 5 anos, até poderá servir seus amigos. (Del Río, Spaggiari e Vecchi, 2004)

- Recolher a bandeja, como no *self-service*, preparar uma merenda simples, lavar os pratos, varrer, limpar... Isso, as crianças podem fazer, se evitarmos utensílios perigosos e se colocarmos tudo de um modo fácil e acessível.
- Organizar feiras, ao ar livre, onde as crianças, como protagonistas, possam fazer trocas, comprar e vender seus brinquedos e suas

[11] N. da T.: típico prato espanhol, uma sopa fria de tomate.

criações de forma autônoma, além de gerir seus interesses. Também festivais de teatro de fantoches, atuações, rifas etc., em que meninos e meninas organizem do princípio ao fim, formando companhias, preparando entradas, ensaiando obras, distribuindo papéis, administrando ingressos etc., e sobre os quais os adultos devem exercer mínima intervenção.

- Cadernos gigantes para ilustrar contos e histórias, para jogos matemáticos, verbais, de associação, de relação, de agrupamento, que podem ser representados da mesma forma, em álbuns, em cadernos grandes e fortes para estar à disposição em uma mesa ao alcance de todos, ainda dispondo de giz para poder escrever neles e apagar.
- Arquiteturas: contos e jogos de tamanho natural para brincar de ler e narrar com estruturas gigantes.
- Se utilizarmos álbuns de papel grosso, por exemplo, os mostruários de papel de parede, que resistem ao impacto de muitas folheadas das mãozinhas, sempre que aprendemos uma canção, um poema, um trava-língua, uma charada etc., podemos adquirir o costume de escrever e de ilustrar entre todas as crianças. À medida que passem os meses, nossa memória coletiva de grupo será capturada e suscetível de ser recriada, sozinhos ou com os melhores amigos, sem que seja requerida nossa presença constante, mas, sim, vez ou outra, nesses "álbuns de memória".

Fonte: acervo particular da autora.

Feira das crianças de Brocante. Nueva de Llanes, Astúrias (Espanha, 2012).

[Oferta até às 2 horas da tarde]

- As brincadeiras feitas no jardim, com armários externos de fácil acesso a baldes, pás, vasos, funis, potes, regadores, esteiras, caixas etc., que podem ser guardados em carrinhos com rodas, fáceis de transportar e de guardar.
- Adivinhar objetos pelo tato pode ser um exercício divertido no grupo, mas também é estimulante que façam sozinhos com a caixa de adivinhar, que consiste em uma caixa com tampa e objetos dentro, com entrada para as mãos. Assim, tocando e adivinhando objetos peculiares como escovas, conchas,[12] ouriços,[13] pregadores, carros, bonecos, sapatos etc.
- Fazer tapeçarias e entrelaçados[14] são tarefas apaixonantes. Nas laterais dos móveis, é fácil colocar tramas com materiais para tecer.
- Para facilitar atividades em que se pretenda uma escassa intervenção do adulto e se deseje fomentar opções criativas abertas, de descoberta pessoal ou entre pares, e que implicam, também, momentos excelentes para a investigação dos professores, é muito divertido e sugestivo expor materiais agrupados para que sua visão de conjunto inspire e influencie as crianças a terem diferentes ações.

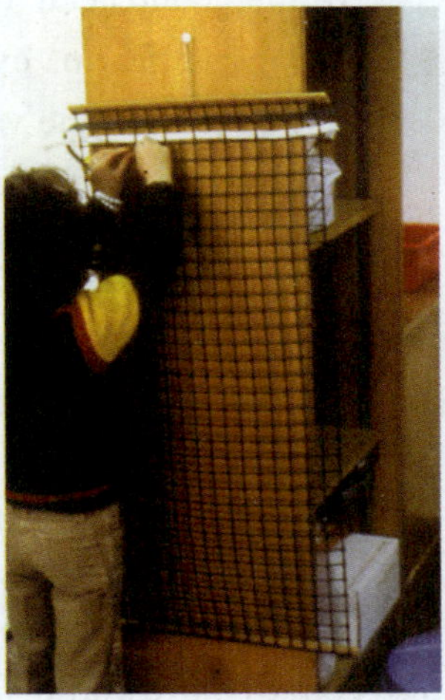

Fonte: acervo particular da autora.

Um menino fazendo entrelaçados na lateral de um móvel.
Colégio Cristo de los Remedios, San Sebastián de los Reyes, Madri (Espanha, 1984).

[12] N. do E.: no original, *caracolas*. Em espanhol, *caracola*, de forma ampla e popular, refere-se às conchas marinhas de diversos tamanhos, cores e formas. Todas as *caracolas* têm em comum o desenho ou o padrão em espiral no seu formato e todas com término feminino (com "a") são marinhas. As de origem terrestre, na Espanha, são chamadas *caracoles*, no masculino (com "e").

[13] N. do E.: trata-se de um boneco de ouriço-cacheiro, com pontas de textura áspera que podem reconhecidas pelo toque.

[14] N. do E.: termo de arquitetura. Trata-se de ornato em que os motivos se misturam, passando uns por dentro dos outros; também conhecido como entrelaçamento.

> Por exemplo, colocar em uma bandeja recortes, papéis coloridos, papéis de bala, fotografias, cola, tesouras etc. convida a ser feita uma colagem. No entanto, o que acontece se, no lugar de materiais que levem a lugares-comuns, em uma bandeja, agruparmos elementos mais imprevisíveis, díspares? Direcionamos ao pensamento criativo, por exemplo, se reunirmos caixas pequenas, parafusos, ímãs, tubos e fitas: estimularemos invenções e máquinas, ou, talvez, respostas inimagináveis com as quais as crianças nos surpreendam. E se, por exemplo, em um grupo de bebês, aparecerem no espaço grandes tecidos transparentes, vinis adesivos coloridos e algumas lanternas, o que acontecerá? Não é emocionante documentar esse tipo de propostas, ficar na expectativa, propor algo com base nas respostas dos pequenos que vá além, em uma rica comunicação em espiral, em que predominam as linguagens não verbais?

Enfim, apenas nossa criatividade e nossas ideias no espaço será o limite a novas ideias para propor ambientes e materiais a favor da autonomia e das ações independentes.

Interação e comunicação

Somos quem somos porque nos relacionamos com os demais, aprendemos com os outros, ensinamos os outros, fazemos parte de um grupo, em resumo, de um ecossistema humano. A interação, como seu nome indica, refere-se à ação que se exerce reciprocamente entre duas ou mais pessoas, objetos, funções. Está em estreita relação com a comunicação. Define-se, tradicionalmente, como *a troca* entre sentimentos, opiniões ou qualquer outro tipo de informação mediante fala, escrita ou sinais.

Superando antigos paradigmas que defendiam que a aprendizagem procedia unicamente do mundo adulto, que a criança de nada sabia até chegar à escola, como se fosse uma folha em branco. Graças a pensadores como Vygotsky, Malaguzzi, Bronfenbrenner, Piaget, Ausubel, Freinet e tantos outros, sabemos que a aprendizagem provém de muitas fontes, começa no momento de nascer e se favorece nas trocas feitas, nas diversas interações entre iguais e com os adultos, com a finalidade de gerar novas relações de aprendizagem, de sociabilidade e de afeto. Aprendemos de outros, com outros e para outros, e podemos fazer chegar mensagens ao mundo, por meio de muitas linguagens expressivas.

O espaço pode abrir ou fechar a comunicação e a interação. Há lugares, públicos ou privados, que convidam ao diálogo, ao encontro, à brincadeira, à intimidade, e outros, frios, não acolhedores ou inóspitos, fazem-nos evitá-los.

> Há alguns anos, em meio de um forte aguaceiro, refugiei-me em um bloco de granito e vidro colorido da Victoria Street, em Londres, filial do McDonald's no bairro de Westminster. O ambiente dentro do restaurante era de solenidade e de concentração. Os clientes comiam sozinhos, liam o jornal ou olhavam as lajotas marrons e mastigavam com tamanha rudeza e severidade que, em comparação, o ambiente de um estábulo, quando se alimenta o gado, teria resultado cordial e refinado.
>
> [...] (Depois, e referindo-se à Catedral de Westminster) Empurrado pela chuva e pela curiosidade, entrei em uma construção cavernosa, encoberta pela escuridão, em que se elevavam centenas de velas votivas[15] [...]. Cheirava a incenso e se escutava o murmúrio das orações. [...] O alvoroço do lado de fora tinha dado lugar ao recolhimento e ao silêncio. As crianças se mantinham próximas de seus pais e olhavam ao redor, com um ar de perplexo respeito. Os visitantes conversavam instintivamente em sussurros, como que abstraídos em um sonho coletivo do qual não desejavam despertar. O anonimato da rua ficava aqui incluído em uma espécie de peculiar intimidade. Tudo o que é solene que há na natureza humana parecia sair aqui à superfície: pensamentos sobre o infinito, a impotência, o sublime. [...] Conceitos que seriam insanos quarenta metros mais distante, teriam conseguido, por meio de uma obra arquitetônica, adquirir uma majestade e um significado supremos. (de Botton, 2008)

[15] N. do E.: velas oferecidas em votos a alguma divindade.

Busquemos na memória e pensemos quais são as chaves que movem um entorno em um ou em outro sentido. Como nos sentimos em um beco estreito em uma região histórica de um pequeno povoado, ou entre os arranha-céus de uma grande metrópole? Todos os cenários comunicam e transmitem.

A escola não é alheia a isso, e é nossa responsabilidade preenchê-la de laços interativos, porque não podemos esquecer que uma escola com intenção comunicativa nunca será anônima.

Espaços para facilitar encontros interpessoais

Do grande grupo

Criando um espaço amplo, com assentos confortáveis no chão, que, como a uma tribo, una-nos e reúna-nos em um círculo, no qual nos escutemos e nos vemos, compartilhamos. Aconchegantes tapetes, almofadas, mural de expressões grupais são alguns de seus possíveis elementos.

Do pequeno grupo

Em torno de uma mesa, debaixo de uma árvore ou em cabanas no jardim, espaços com elementos móveis e flexíveis, em que possamos nos reunir com alguns amigos; espaços que sirvam para encontros eventuais ou planejados, para criar um projeto, para merendar ou para brincar de esconde-esconde.

Fonte: acervo particular da autora.

Comunicação entre iguais: "Sua mão é como a minha?...".
Um gesto vale mais que mil palavras.
Espaço *coworking* Nave Nodriza. Villanueva de la Vera, Cáceres (Espanha, 2010).

De duplas de amigos ou para estar sozinho

Projetar espaços pequenos, mínimos, que tanto atraem às crianças, nos quais buscar refúgio, contar segredos ou para estar sozinho consigo mesmo, tranquilo, afastado dos estímulos externos; lugares para pensar, sonhar e descansar. Por exemplo: debaixo de uma escada ou na parte baixa de um armário fechado com cortinas, acomodado por um par de almofadas...

Para conversar com a prô

Espaços de acolhida, aconchegantes, onde adultos e crianças fiquem confortáveis. Assentos na altura de ambos. Sobre isso, não precisamos lembrar o quão discordante é o mobiliário clássico pensado para professoras e professores: mesa de escritório e uma enorme cadeira. Um disparate absurdo. Mesa com ângulos, arestas, que em nada estimulam, que afastam afetivamente as crianças de nós, separando-nos, e com afiadas pontas que criam barreiras. Por que não uma mesa circular, "de avó", ou uma cadeira de balanço, uma poltrona ampla que convide para que se aproximem, para as boas relações, móveis arredondados, ergonômicos, interligados ao nosso hemisfério direito, à criatividade, à intuição, à emoção?

Fonte: acervo particular da autora.

Espaços habitáveis para a comunicação com o adulto, para o encontro, para a calma.
Escola Infantil Lothian (Escócia, 1995).

Para a equipe educativa

Nós, como educadores, também precisamos de um lugar acolhedor de trabalho, para descansar, tomar um café, reunirmo-nos com os colegas, ler, escrever... Pensemos com cuidado em como projetá-lo de uma maneira não casual; não é qualquer lugar que serve, mas, sim, é preciso projetá-lo de maneira intencional, planejada: aconchegante, acolhedor, bonito, propício à relação e às trocas, com bons assentos, uma biblioteca de equipe, uma boa mesa, um sofá, entre outras coisas.

Com e entre as famílias

Para convocar reuniões grandes ou para falar com alguém em particular, para tomar um café, para ocasiões formais, mas também informais. Os espaços precisam ser especificamente pensados para isso, arrumados e relaxantes. A chave está em oferecer a maior parte de escolhas possíveis: para que pais e mães possam optar por estar na escola da forma como os faça se sentirem mais cômodos, confortáveis, tanto em sentido físico quanto emocional.

Osmose entre cenários

Para facilitar a comunicação verbal e não verbal:

- Com espaços abertos, transparentes, que comuniquem as diferentes áreas na sala e na escola, de forma que se possa ver o que acontece do outro lado, que exista uma positiva interrelação espacial. Trata-se de criar um equilíbrio entre delimitar e comunicar. Vidraças, painéis móveis, móveis separadores baixos, divisórias leves, cortiças sobre rodas, faixas de tecido etc. são algumas possibilidades de elementos que delimitam e comunicam.
- Com estruturas e "mobiliário comunicativo", por meio de móveis e materiais desenhados e pensados para criar uma comunicação intencional. Alguns exemplos:
  - Um "telefone" para fazer a comunicação entre dois cômodos com funis e cabo: com dois funis correntes e tubo corrugado flexível de eletricista, pode-se conectar cômodos por "telefone"! (Veremos se, desse jeito, ninguém vai atender...)

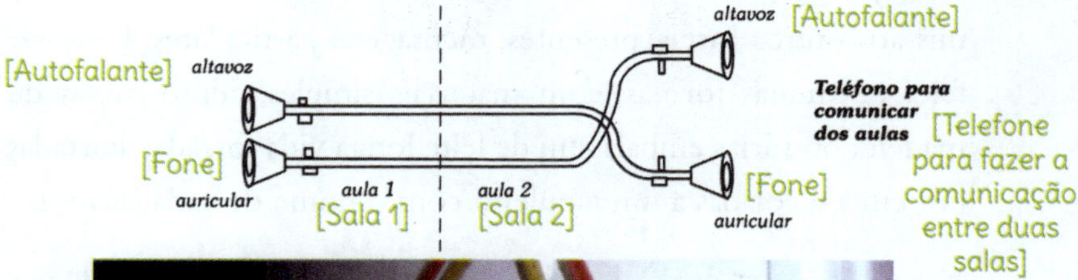

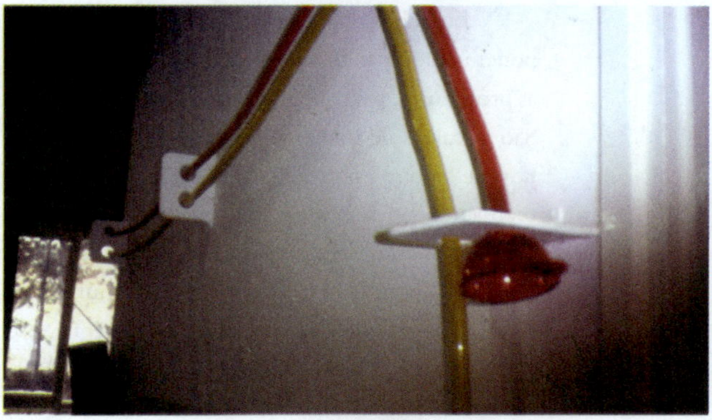

Fonte: acervo particular da autora.

O telefone de funis.

Escolas da Infância de Reggio Emilia (Itália, 1988).

> Na parede, há dois tubos pendurados que servem para ligar: um tubo é vermelho, e o outro é amarelo; um é colocado na orelha, e com o outro se fala. Com esse brinquedo, pode-se brincar de comunicações de palavras. (Del Río, Spaggiari e Vecchi, 2004)

- Um carrinho para bebês com rodas, barra para empurrar, abertura com janela para olhar enquanto se avança e espelho em um de seus lados, para que outros se olhem.
- Um sofá circular para os bebês, construído com um rolo de fio telefônico de tamanho grande, forrado de tecido e cheio de almofadas, para se sentar e interagir.

- Favorecendo linguagens não verbais e comunicação privada, de cartas e segredos... Um exemplo significativo é a Caixa das Mensagens, cujo fim é que cada menino e menina tenha sua própria caixa postal, pois também os maiores têm a sua, e, assim, enviem uns aos outros cartas, presentes, mensagens particulares. Pode ser feita de muitas formas, com materiais simples, como caixas de madeira ou várias embalagem de leite longa vida forradas, cortadas por cima e coladas a um tabuleiro com o nome de cada criança.

> Embaixo, há muitas caixas transparentes, em que podem colocar mensagens para seus amigos, inclusive para as professoras, para as cozinheiras e, também, para seus pais. São as caixas de mensagens mais bonitas de toda a escola, porque logo se pode ver se um amigo seu lhe deixou uma mensagem ou um presentinho. As mensagens são folhas dobradas como um presentinho, e, dentro, há palavras escritas e desenhos que servem para comunicar a alguém o que o outro quer, ou quanto o ama, ou que discorda de você em algo. (Del Río, Spaggiari e Vecchi, 2004)

- Favorecendo comunicações entre as famílias e a escola. Um bom exemplo disso é *O livro viajante*,[16] um material de uso amplamente difundido em muitas escolas e conhecido em diversas versões e formatos: um livro que começa em branco e passa a ser preenchido por colaborações de todos: das crianças, das famílias, das professoras, como uma ponte entre a casa e a escola. Envolto por questões como contar como é minha casa, escrever e compartilhar receitas, projetos, mensagens, contos, costumes, brinquedos e jogos preferidos, os bichos de estimação que há em casa ou qualquer outro tema de interesse comum. É um material precioso, que enriquece com o tempo; uma referência da memória coletiva, de toda a comunidade educativa, em uma estreita rede de comunicações. É um elemento vivo, um viajante que vai e volta.
- Oferecendo comunicação textual e gráfica para adultos e para crianças, sobre a vida da escola.

[16] N. da T.: *El Libro Viajero*, no original. É um livro que, como descrito, nasce itinerante e vai se formando graças à contribuição das diferentes famílias que fazem parte da comunidade escolar.

Fonte: acervo particular da autora.

Água.

Fonte: acervo particular da autora.

Areia.

Fonte: huevocosmico – Pixabay.

Terra.

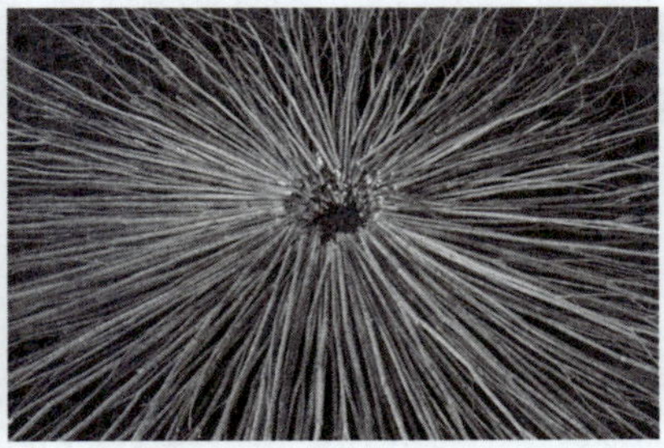

Fonte: Daniel, wetgraphite – Flickr.

Galhos.

Fonte: Hotblack – Morguefile.

Cogumelos.

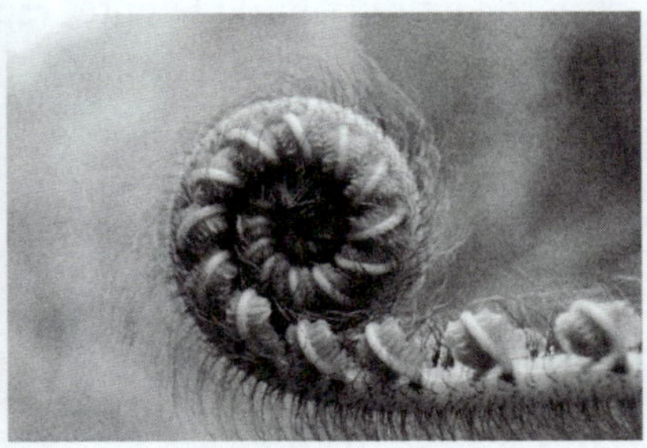

Fonte: beebazz – iStock.

Brotos.

Fonte: Iñaki De Luis – Getty Images.

Teia de aranha.

Fonte: Georgii Boronin – iStock.

Concha.

A caligrafia da natureza. Sugestão de comunicação gráfica não verbal para as crianças.

(Para colocar, por exemplo, em um ateliê de pintura.)

No âmbito da comunicação gráfica, *os painéis de documentação e expositores* têm papel protagonista.

Já os mencionamos em relação à identidade e à autonomia, mas dada a sua importância, dedicamos a eles uma seção específica, pois são elementos privilegiados para a comunicação.

O que são?

Definimos esses painéis como materiais com intenção comunicadora, que se apresentam em forma de cartazes, murais, com informação gráfica, fotografias etc.

Como são?

Há de vários tipos:

- Apresentação a todo aquele que entre na escola: da equipe educativa e dos grupos de meninos e meninas (situados no saguão de entrada, em diferentes espaços da escola etc.).
- Comunicação às famílias e a outros adultos.
- Apresentação de processos de atividades significativas na vida da escola, em forma de murais fotográficos das obras artísticas e os processos seguidos para realizá-las.

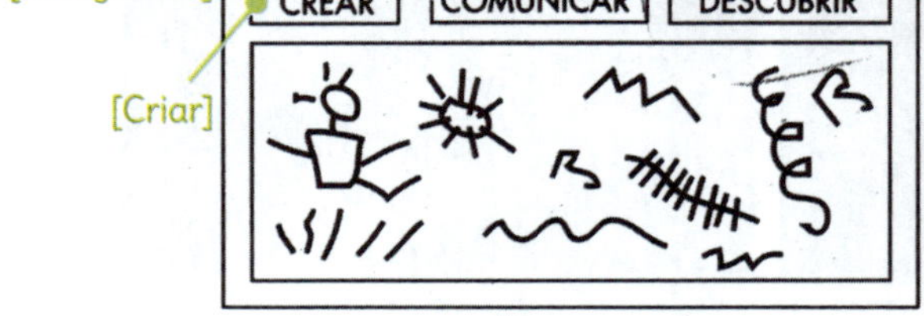

Esquema.

Fonte: *Blog* Katemariagolding – Wordpress.

Painéis à altura dos olhos das crianças.

Painéis de documentação: esquema e desenvolvimento.
Um processo de criação artística.

- Exposições de obras de arte das meninas e dos meninos.
- Representação, por meio de códigos, símbolos e signos, de aspectos práticos da vida cotidiana da escola, que ajudem a organizar e a situar (símbolo individual, de grupo, de espaços, de tempos, de funções, de áreas de lazer, de normas de grupo, de ritos e rotinas).

Quais são suas funções?

- Dão identidade à escola em relação ao mundo de fora, ao tornar explícitos seus valores educativos por meio da comunicação gráfica.
- Fazem parte da memória da escola, e ajudam a "fazer história" para as crianças, para própria equipe e para o mundo de fora.
- Reforçam o sentido do grupo e são elementos úteis para uma avaliação formativa para a equipe, ao obrigar à reflexão sobre a própria prática e ao ajudar a observação e a análise.
- Fortalecem a autoestima das crianças ao valorizar suas criações como obras de arte, aprofundando seu valor comunicativo.
- Aproximam-se da realidade dos pequenos por meio de situações cruciais, coletiva ou individualmente.
- Ritualizam, dentro da vida cotidiana, o uso de símbolos e de signos criados, aproximando-os progressivamente aos empregados por nossa cultura.

Como desenvolvê-los?

- Devem ser reforçadas a estética e a apresentação clara e cuidada (aconselha-se utilizar o papel pluma – *foamboard* – como suporte e a plastificação, para torná-los mais duradouros).
- Fugir das representações estereotipadas e de modelos-padrão, que empobrecem a educação visual. Trata-se de contribuir e recompilar elementos com estéticas distintas, com base, também, na riqueza de diferentes linguagens expressivas.
- As imagens devem predominar em relação ao texto, pois, dessa forma, a mensagem chega de uma maneira mais direta. Os textos

devem ser concisos, expressivos e com fonte em tamanho grande, dando voz e palavras tanto aos mais velhos quanto às crianças.

- Respeitar os espaços vazios nos murais, porque a miscelânea de imagens produz confusão visual. Assim, é melhor ampliar a área de fundo, para que os textos sejam mais legíveis.

Escutemos, novamente, como as crianças maiores de 5 anos da escola Diana, em Reggio Emilia, apresentam os painéis de documentação aos pequenos de 3 anos que chegam pela primeira vez:

> Nas paredes, por toda parte, há muitos cartazes grandes, como os cartazes de publicidade. As professoras os chamam de painéis. Todos se interessam muito por eles: as pessoas que entram e, também, os pais. Em outras palavras, todos os que sabem ler. Há alguns que também nos interessam muito, como o painel dos funcionários do quadro de apoio, os que são agradáveis de olhar, com desenhos bonitos e fotografias que nos lembram como conseguimos fazer todas as coisas que estão ali.
>
> São importantes para a memória e, dessa forma, depois os pais veem o que fazemos. As professoras escrevem e penduram ideias das crianças, assim, todos sabem que as crianças são inteligentes. Também há ideias das crianças, de muitos anos atrás, que, agora, estão no Ensino Fundamental. Em resumo, é como uma coleção de ideias! (Del Río, Spaggiari e Vecchi, 2004)

Diversidade

Dizia o grande antropólogo Bateson[17] que a diferença é o centro do desenvolvimento humano. Esse conceito de diversificação, diante da homogeneidade igualitária, expressa-se de diversos modos, na planificação

[17] N. do E.: Gregory Bateson foi um antropólogo, linguista e cientista social inglês, que, entre muitos outros campos, debruçou-se também sobre a cibernética e o envolvimento dessa área na antropologia ecológica.

de um espaço. É um conceito muito amplo: assim, falamos de diversidade cultural, linguística, biológica, funcional... Além do que se refere a nós como pessoas, falamos, também, da diversidade como a oferta variada necessária em espaços, em materiais e em tempos que, de forma intencional e consciente, devemos oferecer em nossas escolas.

Diversidade ao conceber a escola como um todo

A escola não é um lugar composto de salas e espaços adjacentes. A escola é toda uma. A ideia de um espaço parcelado com muros e portas em setores fechados, chamados tradicionalmente de *salas*, é uma concepção obsoleta, a ser esquecida em favor de uma imagem de transparência, de intercomunicação, de osmose entre espaços. O próprio termo *sala* indica paradigmas com data de validade, de aprendizagem academicista.

Temos que repensar esses termos e dar lugar a outros, vindos do nosso interior em direção ao exterior que habitamos, de forma mais aberta e coerente com nossas intenções: escola como espaço emocional, que deve ser lembrada na mente e no coração, como um todo, único e inteiro.

Nós, professores, não podemos derrubar muros, e as arquiteturas nos vêm dadas, mas podemos, sim, destruí-los em um sentido metafórico, ao criar osmoses entre os diferentes cenários, tanto física quanto simbolicamente.

Fonte: Valverde (2013b).

Espaços diversos para uma escola aberta. Escola Sant Nicolau, San Andrés de Llavaneres, Barcelona (Espanha).

Exemplos disso: abrir portas, incorporar de modo contínuo corredores e patamares, espaços intermediários, espaços planejados, delimitados com algum móvel baixo, tapete etc., que podem se transformar em áreas de lazer, de fantasia, ateliê de pintura, tendas, lugar de descanso... Também cômodos com uso pouco aproveitado podem ser modificados para um bonito ateliê de arte, um laboratório de invenções, uma estufa de plantas...

Conectando espaços externos e internos, abrindo portas e janelas, fundindo e eliminando os tempos do tradicional "recreio", em um contínuo exterior e interior, em que brincadeiras e atividades são apenas um.

Criando oficinas integrais, com tempo parcial e total, que rompam a tradicional organização por níveis, abrindo todos os espaços em circularidade.

Um exemplo representativo de como o espaço movimenta comportamentos reside nas escadas, sempre problemáticas em subidas e descidas, pela pressa e pela confusão, pelos barulhos. No entanto, se forem incorporadas diferentes propostas, podem transformar-se: imagens para admirar, entrelaçados de contas em seus corrimãos, espelhos em suas paredes... Com isso, induzimos o freio ao ritmo frenético em que se encontram, em um convite silencioso a parar, olhar e tocar. Em uma escola da infância de Reggio Emilia, lembro-me de uma escada repleta de desenhos de cavalos em fila ao longo de si, feitos pelas crianças: símbolo e metáfora de crianças animadas que sobem e descem "como cavalos", mas também uma desculpa e pausa para olhar e observar, para deter a corrida. Ambivalência de pontos de vista e jogos de humor que enriquecem o espaço e nos conduzem pelos caminhos da multiplicidade.

Diversidade na oferta de espaços

Espaços que correspondam às múltiplas necessidades de ação, de pensamento, de relação, de criação e de experimentação.

Diversidade nos usos flexíveis dos espaços e dos materiais

- Ao favorecer espaços polivalentes, suscetíveis de transformação e de mudança.
- Ao atribuir novos usos (ou seja, diferentes daqueles para os quais foram concebidos) a móveis e materiais.
- Ao utilizar móveis leves, facilmente transportáveis e com variedade de usos e de possibilidades.

Diversidade nos usos incomuns ou surpreendentes de chãos, tetos, paredes

Ampliemos a ideia do espaço em três dimensões e contemplemos o teto, o chão e as paredes como planos cheios de possibilidades. Situar um espelho – ou vários – no teto, por exemplo, dando-nos uma visão nova ao nos deitarmos, enriquece-nos a realidade. É possível, também, colocar móbiles, para pendurar objetos bonitos, que façam barulho, que brilhem, que façam reflexos, que nos surpreendam...

Da mesma forma, o chão, que com certeza está muito mais próximo dos pequenos que de nós, os adultos (é, talvez, por nossa distância do chão que estamos acostumados a esquecê-lo), pode deixar de ser monótono. Para os menores, que engatinham ou se arrastam, será muito interessante, por exemplo, encontrar, plastificadas no chão, fotos de seus amigos, de seu papai, de sua mamãe, de seus avós, de seus objetos favoritos e do mundo próximo... Assim, o chão se transforma em uma experiência cheia de surpresas e de coisas para observar...

Também para os maiores, no chão, podemos oferecer propostas para olhar ou para saltar, simplesmente ao pintar ou colar com vinis, as brincadeiras tradicionais de amarelinha, jogo da velha etc. Isso é muito sugestivo em espaços de trânsito, como corredores ou patamares.

Criando propostas no chão.

Fonte: Briony – Flickr.

Ademais, é possível propor planos em diferentes alturas, inclinações ou texturas, tanto em paredes quanto no chão.

As vidraças das janelas são também muito interessantes para projetar transparências coloridas, peças esculpidas, reflexos... Jogos múltiplos, que podemos inventar de mil e uma formas e que diversificarão a imagem da realidade e farão nos maravilharmos com os efeitos de um simples raio de luz.

Diversidade na oferta de materiais

É enriquecedor propor materiais inusitados em vez de materiais semelhantes ou do mesmo tipo. Cada tipo de objeto tem, em si próprio, um potencial de aprendizagem diferente e único. Por isso, é preferível valorizar a quantidade da variedade do que a quantidade por si só.

É, também, preferível manter o predomínio de materiais abertos em detrimento dos fechados. Materiais abertos são aqueles que oferecem múltiplos usos e possibilidades e contêm em si mesmos muitas opções de uso. E materiais fechados são aqueles que apenas oferecem um tipo de uso. Exemplos de materiais abertos são argila, blocos de construção, botões, madeiras, pedras, conchas, sementes, caixas, tampinhas, água etc.; e, de materiais fechados, quebra-cabeças, jogos de encaixes, silhuetas...

Fonte: acervo particular da autora.

Argila.

Fonte: PxHere.

Blocos.

Fonte: Antonio_ASALTO – iStock.

Botões.

Fonte: Pxfuel.

Conchas.

Fonte: acervo particular da autora.

Folhas.

Fonte: Freejpg.com.ar – Flickr.

Lã.

Fonte: Dillon Hinson – Flickr.

Papel.

Fonte: Public Domain Pictures.

Pedras.

Materiais abertos.

Consideremos seriamente oferecer com prioridade a seleção desses materiais abertos, que potencializam múltiplas linguagens expressivas e proporcionam caminhos ao pensamento criativo: materiais para o desenvolvimento motor e linguístico, a invenção, as relações com outros, a atuação social, a experimentação, o equilíbrio pessoal, a autoestima... Materiais sugestivos, novos, transgressores, que rompam as tradicionais fronteiras entre o mundo dos maiores e o mundo das crianças.

Um dos materiais abertos por excelência, que abre caminhos à inteligência, à razão e à comunicação, são as caixas.

> A caixa é semelhante à argila, e, se a argila é, sem dúvida, o brinquedo mais bonito, a caixa quase é o brinquedo mais bonito. A argila não é nada e pode se transformar em tudo; a caixa foi algo, mas pode se transformar em quase tudo. [...] Saber ver a caixa com um novo olhar, como um objeto disponível para realizar funções novas, para assumir novos significados. (Tonucci *apud* Malaguzzi, 1985)

Caixas grandes, médias e pequenas, caixas, caixas, caixas...

- para amarrar uma corda e transformá-las em um transporte;
- para puxar, entrar e deixar que o arrastem;
- para fazer janelas e portas, e olhar por um pequeno orifício, o que faz parecer imenso;
- para colocar e tirar coisas;
- para guardar tesouros, segredos e coisas misteriosas;
- para fazer buracos para as pernas e passear de carro;
- para montar a cavalo;
- para fazer teatrinhos com personagens personalizados;
- para guardar a luz;
- para colocar buracos de olhos e de boca e transformar em um monstro;
- para fazer um foguete e ir à Lua;
- para inventar e imaginar... porque a caixa pode ser qualquer coisa que desejar.

Diversidade na procedência de materiais

Existem muitas fontes de obtenção de materiais, muito além daqueles que compramos.

Os materiais recuperados de algum lugar próximo, das famílias ou da natureza têm uma importância-chave para a rentabilidade ou o reaproveitamento prático.

Ao recuperar materiais, ajudamos a conectar a escola com o mundo em que está imersa, a se relacionar afetivamente com o contexto que lhe é mais próximo. Quando uma criança vê na escola algo que lhe é familiar ou que provém de casa, isso reforça os laços afetivos com o lar e ajuda a integrar os entornos de que ela gosta sem interrupções, dando-lhe segurança e apoio afetivo.

Se a escola estiver integrada a um centro de Ensino Fundamental, pode, inclusive, estender pontes a crianças maiores, que elaboram materiais para as aulas dos menores. Isso ajuda a romper as clássicas fronteiras entre diferentes níveis escolares, a criar redes, a dar sentido à atividade em si e a permitir que as crianças se sintam úteis aos demais.

Buscar, elaborar e inventar materiais por parte de todos os membros de uma comunidade educativa – crianças, professores e famílias – reforça também o sentido de grupo e faz sentir-se membro de uma comunidade. Com isso, transmitimos o aproveitamento do entorno, aprendendo a reutilizar e a ter um respeito ecológico pelo planeta Terra.

Há, além disso, o favorecimento do pensamento criativo e da transgressão ao ser abertos, porque abarcam muitas opções de uso e se apresentam transformados do comum ao inesperado.

Exemplos disso são:

- Materiais procedentes da natureza: conchas, pedras, folhas, gravetos, pinhas, sementes, penas etc.
- Materiais procedentes do lar, contribuídos pela comunidade educativa: móveis, cobertores, tapetes, tecidos, lã, roupa, almofadas,

caixas, telefones, máquinas de escrever, potes, botões, brinquedos, embalagens etc.

- Materiais recuperados do entorno: nesse sentido, é muito útil fazer uma verificação de comércios próximos ou pensar com quais materiais recicláveis ou descartados eles podem contribuir. Alicia Vallejo, em seu artigo *Material de desecho*[18] (1984), faz uma exaustiva classificação: material de descarte de hortifrútis (sacos, caixas, papelões, palha etc.); de escritórios (carretéis de máquina, borrachas para carimbo, papel de computador, rolos, pastas etc.); de representantes de tecidos ou lojas diversas (araras, amostras de tecidos, retalhos, bobinas, catálogos, propagandas etc.); papéis pintados (mostruários, carpetes em pedaços, ladrilhos, tesselas[19] etc.); decoração e construção (tacos de madeira, porcas, parafusos, cabos, tomadas, cordas, arames etc.).
- Materiais fabricados na escola ou elaborados pelas famílias: de modo espontâneo ou planejado, por exemplo, em oficinas de famílias (cortinas, caleidoscópios, caixas de espelhos, mesas de luz, casinha de bonecas, garagens etc.).

No contexto ecológico de recuperação de materiais conectado à comunidade, mencionar os projetos, como o REMIDA. Criado em 1996, controlado pela Reggio Children – Centro Internacional Loris Malaguzzi, e promove a cultura da reciclagem, da sustentabilidade e da reutilização criativa de materiais de descarte. Mais de duzentas empresas da área, comércios, artesãos e indústrias locais cedem materiais defeituosos ou de sobras, que são classificados e organizados, para sua distribuição gratuita às escolas, às organizações e às associações.

Isso promove a ideia de que os materiais de descarte são recursos valiosos e criadores de beleza.

---

[18] N. da T.: "Material de descarte", em tradução livre.

[19] N. do E.: peça de mosaico; cubo de pedra ou vidro colorido para pavimentos.

Na Espanha, mais recentemente, existem projetos similares: Re-Crea (Rosa Sensat), em Barcelona, e El Carrau Blau, em Sant Just Desvern.[20]

> São espaços de recolhimento e armazenamento de materiais provenientes de estoques de empresas, doações particulares, excessos de produção etc., organizados com intenção estética por voluntários e que podem ser demandados por escolas e outras entidades que exponham um projeto e uma finalidade para os materiais solicitados. (Valverde, 2013a)

Diversidade na oferta visual

Existe uma tendência muito generalizada, e não apenas nos entornos educativos, mas também na sociedade em geral, que é o fato de oferecer a meninos e meninas um tipo de imagens predeterminadas, estereotipadas, pouco bonitas e uniformizadas. Os desenhos animados homogeneizados, as cores primárias e extravagantes, as ilustrações fotocopiadas, repetitivas, com ursos, casinhas, árvores e nuvens etc. são protótipo de uma imagem de infância simples, boba e empobrecida.

Quebremos esses moldes e ofereçamos riqueza na crença de crianças inteligentes e sensíveis, que apreciam e se nutrem com imagens múltiplas e sugestivas.

Exemplos de alternativas diferentes são: imagens do mundo da arte de distintas culturas e épocas, fotografias de boa qualidade, desenhos e criações das crianças, painéis de documentação, criações artísticas e esculturas em 3D, retratos dos protagonistas, imagens criativas, ilustrações de diferentes estilos, fotomontagens, colagens etc.

---

[20] N. do E.: pequeno município localizado na província de Barcelona, comunidade autônoma da Catalunha.

Diversidade na potencialização das 100 linguagens expressivas

Materiais que respondam às necessidades de todos, crianças e adultos, coletiva e individualmente: musicais, plásticas, pictóricas, de construção e invenção, de narração e escuta, de jardinagem, de brincadeiras ao ar livre, de tranquilidade, de atividade física e movimento, de ritmo, de fantasia, de sensibilidade e afeto, de lógica e raciocínio, de teatro e representação, de experimentação de materiais, de jogo em seu sentido mais amplo e livre, de ação conjunta, de procura, de pesquisa, de movimento etc.

Em resumo, uma escola concebida como "laboratório das inteligências", que dê resposta aos anseios e desejos de todos e de cada um de seus membros, sem distinção de cultura, de gênero, de idade, de estatura, de *hobbies*, de deficiências, de peculiaridades, de características físicas e de personalidade, que respeite a cultura da infância e sua peculiar idiossincrasia, entendendo que a riqueza expressada e recriada de diferentes formas no ambiente escolar é seu maior e melhor tesouro.

Habitabilidade

Este princípio está intimamente relacionado aos dois seguintes (Estética e beleza e Ordem e equilíbrio), porque ambos compartilham um mesmo substrato em relação à harmonia, à reciprocidade de um espaço bonito, organizado, aconchegante, que oferece bem-estar e que, por sua vez, inspira ações positivas e criadoras.

A escola emocional

A *habitabilidade*, em sua definição ampla, refere-se às condições que um espaço requer para ser confortável, seguro, saudável e higiênico. Além das óbvias considerações de segurança a serem levadas em conta e que são essenciais, há uma acepção do termo "habitável" que se refere também ao caseiro, ao aconchegante e ao emocional, aquilo que nos faz sentir confortáveis, seguros e acolhidos em um lugar ou desamparados em outros.

O arquiteto alicantino Miguel Ródenas, em uma interessante e recente pesquisa sobre *a cidade emocional*, e opondo-se ao *junkspace* (espaço-lixo) de Rem Koolhaas, comenta de um novo conceito de cidade, como espaço emocional, interligado não apenas à dimensão física, mas à emoção das experiências vividas nesse espaço:

> Podemos começar a falar de uma nova complexação do modelo de cidade não regulamentada que tem a ver com uma cidade como suporte de acontecimentos delimitados no tempo e vinculados a experiências "altamente emocionais" [...]. A definição de cidade tem mais a ver com o conceito de experiência e de emoção, com o fato de ser considerada um suporte para a felicidade, capaz de se articular de forma complexa, e deixa em segundo plano conceitos legais, ambientais ou geográficos, que, no passado, foram prioritários. (Ródenas, 2012)

Podemos extrapolar isso ao ambiente educativo: escolas emocionais? Passar de uma imagem de escola desumanizada para uma na qual os muros físicos ficam em segundo plano diante das experiências emocionais que neles se abrigam. Podemos analisar isso em duas vertentes: o espaço e o tempo emocional.

O espaço emocional

A arquitetura das escolas regulares é institucional, fria e impessoal. É nossa missão, como educadores, dotar de vida esses espaços insossos e criar espaços emocionais. Afastemos de nossas escolas ambientes assépticos e inóspitos. Acreditemos em uma escola amável, aconchegante, cúmplice, onde se sentir bem. Uma escola rica em experiências e em lembranças, que alimente a memória, a mente e o coração.

Escola anímica, animada, com alma, humanizada, pensada para ser vivida, com espaços semelhantes aos do lar, acolhedores e interessantes.

Materiais personalizados, individualizados, únicos, reflexo e prolongação daqueles que a habitam, feitos com texturas naturais (tecido, vime, madeira etc.), evitando o predomínio de brinquedos de fabricação industrial e dando lugar aos manuais, artesanais, diferentes uns dos outros, procedentes da natureza ou criados no entorno, fabricados pela comunidade, reciclados, diversos, agradáveis ao tato, bonitos para a vista, peculiares, únicos.

Espaços que favoreçam a calma, a intimidade, que reforcem o sentimento de segurança, onde não existam fronteiras entre um lar e uma escola.

Fonte: gyst – Flickr.

Maastricht (Holanda).

Fonte: Rebekah Zachritz – Flickr.

Kansas (Estados Unidos).

Espaços emocionais, aconchegantes, habitáveis, com predomínio de materiais naturais... Escolas Waldorf.

O tempo emocional

As vivências emocionais em um espaço também estão intimamente interligadas às vivências temporais. Todos sabemos o quão rápido passa o tempo quando se experimenta algo prazeroso e o quão lento ele é percebido nas situações negativas ou tediosas. O tempo é mais do que uma medição objetiva, e é sua subjetividade e sua emocionalidade o que lhe dão uma dimensão humana.

A sociedade atual tem sido invadida por um roubo do tempo, do patrimônio e do tesouro que a vida nos concede desde que nascemos. No trabalho, nas relações, no ócio, no âmbito familiar, no escolar..., pretende-se – por parte de quem? – que tudo seja objetivos a superar, elementos de competição e de sucesso, experiências para consumir, mensuráveis e lucrativas. Paralelamente, há um movimento de consciência desse roubo e, assim, cada vez há mais pessoas que, de forma individual ou em grupos organizados, rebelam-se dessa tirania imposta, trabalhando em favor de uma mensagem de lentidão e de calma, de preferir a qualidade das vivências ao seu absurdo acúmulo.

A escola também está imersa nesse grave problema. Objetivos a cumprir, agendas impossíveis, funcionalidade, rendimento, qualidade, competitividade... Termos que nos rodeiam, invadem-nos, afogam-nos. Crianças ou adultos.

Todavia, crescer leva seu tempo. Acelerar os tempos não apenas é inútil, como também um ato perigoso e irresponsável. São precisos tempos lentos para uma infância rica, respeitosa, com a necessidade de ir com calma, de não se apressar com a urgência de metas.

> Às vezes, os modelos educativos estão cheios de programações, de conteúdos rígidos, em que existem algumas expectativas evolutivas, esquecendo as cem linguagens da infância das quais nos comentava Malaguzzi. Portanto, os elementos que saem desses rígidos programas e dessas expectativas impedem o adulto de compreender, de observar e de dar forma ao extraordinário que acontece no dia a dia. (Jansá, 2014)

Fonte: amber – Flickr.

A extraordinária grandeza do pequeno.

O tempo roubado de meninos e meninas é algo grave e irrecuperável, contra o qual a escola deve se posicionar ativamente: tornando conscientes as famílias e oferecendo um entorno que compense esse roubo, em que as crianças se sintam acolhidas em um lugar no qual elas não são aceleradas nem se impõem os relógios, porque, quando você dispõe de tempo, este se torna intenso, deixando uma lembrança na mente e na memória emocional, o que é a base para ações complexas. Tempo para brincar sem pressa, para experimentar repetidas vezes, para ensaiar a vida.

Beatrice Vitali (2014) nos recorda de que:

> Faz falta ter muito tempo para tentar juntar com as mãos muitas mais pedrinhas do que cabem nas palmas das mãos; faz falta o tempo para saborear todo o prazer de pegar e logo deixar cair a areia com uma pazinha [...]. Contanto que nós, adultos, déssemos às crianças tempo para brincar, mas dar tempo significa também saber esperar, e isso não é fácil.

Fonte: SiNoMo – Pixabay.

Faz falta o tempo...

Não é simples, porque estamos sobrecarregados pela ideia de que nosso trabalho será mais competente se estiver cheio de expectativas, de conteúdos, de extensas programações. No entanto, a simplicidade vem ao nosso encontro e nos lembramos de que tudo é muito mais simples e relaxante, que o bem-estar está ligado à calma, a observar, a deixar fazer e a propor.

Elogio da lentidão, parafraseando Penny Ritscher,[21] movimento em prol de uma escola lenta. Neste mundo, com uma sociedade em crise, a escola pode se transformar em um "oásis de calma e de sentido comum", superando a ânsia da produtividade, cultivando o prazer de pensar, conversar e racionalizar juntos. É como uma rebelião silenciosa.

Penny Ritscher nos conecta ao tempo das plantas, das estações, da natureza, na qual florescem as árvores quando é chegada sua hora, para recordarmos a armadilha de querer produzir "crianças precoces", que amadurecem antes do tempo, pulando as estações em detrimento do saber. Faz uma lúcida relação entre o movimento *slow* (lento): *slow food*, *slow life*, *slow work*,[22] tão na moda nestes tempos, para relacioná-lo com uma escola *slow*, para ter momentos prolongados para refletir e viver as experiências dentro e, sobretudo, fora da escola, porque os espaços externos, por si próprios, induzem a contextos menos regrados, de "ar livre" (também em um sentido metafórico).

> Espaços externos [...] que favoreçam numerosos microprojetos efêmeros, brincadeiras infinitas e abertas, que não pretendam nenhum resultado predefinido. [...] Momentos para estar em contato direto com o tempo que a natureza dita: o tempo para que a geada derreta, para que o orvalho seque, para que a sombra na parede se mova, o tempo das folhas secas que se decompõem para se transformar em humo. [...] Se plantamos uma oliveira, passarão anos antes que recolhamos as primeiras azeitonas. Uma escola lenta é, de algum modo, um oásis de sentido comum. (Ritscher, 2014)

[21] N. do E.: professora estadunidense especialista em Pedagogia da Música e do Movimento.

[22] N. da T.: comida lenta, vida lenta, trabalho lento, em tradução livre.

Fonte: PxHere.

Fonte: mcconnmama – Pixabay.

"O tempo é vida, e a vida reside no coração." (Michael Ende)

Escola habitável, resumidamente, por ser um refúgio de aconchego, de conforto e de proteção; um lugar bonito e amável no qual dispor de todo o tempo do mundo, no qual se resguardar dos homens cinzentos de Momo, que roubam o tempo das crianças e dos adultos, acelerando, de forma perversa, os ritmos necessários para crescer e "ser gente". Uma lembrança de profundo bem-estar, que será um rico legado que nos acompanhará por toda a vida.

Estética e beleza

O que se entende por estética? É um termo de difícil definição, que alude ao belo, ao bonito. Nas palavras de Vea Vecchi (atelierista e investigadora nas escolas de infância de Reggio Emilia), em seu interessante prólogo ao livro de Alfredo Hoyuelos (2004):

> uma atitude cotidiana, uma relação empática e sensível com o entorno; um *fio* que conecta e liga as coisas entre si; um *ar* que leva a preferir um gesto a outro, a selecionar um objeto, a escolher uma cor, um pensamento, escolhas nas quais se percebem harmonia, cuidado, prazer para a mente e para os sentidos.
>
> A dimensão estética pressupõe um olhar que descobre, que admira e se emociona, é o contrário da indiferença, do desleixo, do conformismo.
>
> Se pensamos nessa abordagem difundida nas atuais instituições escolares, é fácil imaginar todo o poder de subversão que essas atitudes podem criar com relação à situação [escolar] corrente.[23]

[23] N. do E.: para ter acesso ao conteúdo na íntegra, consulte a obra *A estética no pensamento e na obra de Loris Malaguzzi*, publicado pela Phorte Editora.

Vecchi reflete sobre o pouco comum que é a atenção à beleza nos entornos escolares e acadêmicos, e as reações que suscita entre os visitantes nas escolas e nas exposições de Reggio Emilia (nas quais uma de suas características externas mais destacadas é a cuidadosa imagem estética de suas escolas). Será que essa reação incômoda motivada pelo mero fato de contemplar um entorno escolar bonito é, em si, uma provocação profunda, ao estar a imagem escolar ancorada em uma educação tradicional, em paradigmas fixos, simplistas e imutáveis?

Por que algo tão aparentemente inócuo, como oferecer entornos bonitos e complexos às crianças, revira tanto alguns por dentro? O que é que tanto se altera em seu interior?

Os ambientes escolares compartilham uma estética comum, aceita por todos e que ninguém discute. Não importa em qual canto do mundo nos encontremos: a homogeneidade é o usual. O modo com que se decoram as salas, as imagens habituais que são contempladas em suas paredes, os objetos cotidianos..., tão monótonos e empobrecidos, que afogam o anseio de beleza que todos os seres humanos carregamos dentro. Essa imagem externa de estética estereotipada para a infância se estende, também, para a sociedade.

Por que é transgressor, inconformista e irreverente levar a estética cuidada aos entornos escolares? Talvez porque se choque com uma imagem interna da infância pobre, simplista, e uma ideia da educação rígida, retrógrada. Talvez porque, em um oculto discurso não verbalizado, pensemos que é uma banalidade, algo muito superficial, entendendo a estética como um mero "adorno" fútil. Talvez, ao também pensar que, na escola, é preciso concentrar-se no que importa, seguir objetivos e obter resultados, e não parar para perder o tempo com besteiras... Ou pode ser que haja quem ainda pense que as crianças não serão capazes de reconhecer as sutis mensagens da Arte e da cultura e que isso seja um desperdício, que não valha a pena...

Levemos à luz esses pensamentos obscuros. Recordemos que a estética está unida à palavra *liberdade*. Não foi ao acaso que, durante as políticas totalitárias, a Arte de vanguarda tenha sido perseguida tão cruelmente com tanta violência. A estética é reflexo do contexto em que se desenvolve e conduz à identidade pela enriquecedora diferença.

Vivemos em uma sociedade cada vez mais global, padronizada em suas opções de ócio e de vida, envolvida em uma realidade cada vez mais virtual, imersa em razão da produtividade e afastada de experiências reais e autênticas.

A beleza das pequenas coisas reside nos detalhes, e não é um conceito associado ao valor material, mas à intenção. Não se transmite por meio de palavras, mas do contato com o visível e o sensorial. A escola, como compensadora de desigualdades sociais, tem a missão de ir na proa do barco do progresso, respondendo às necessidades cada vez mais urgentes da esperança em um futuro melhor, oferecendo aconchego ante a frieza, compromisso ante a crescente desumanização, e beleza ante a indiferença.

A *Arte*, em letra maiúscula, e não imitações empobrecidas, está cheia de propostas, de todas as épocas e culturas; é como um imenso armazém com mil e uma possibilidades a nosso alcance, sobretudo agora, que o acesso às imagens por meio da tecnologia é tão simples. É um grande tesouro, nosso grande aliado nesta batalha em favor da beleza e da cultura.

É novamente Malaguzzi quem nos convida a praticar uma pedagogia baseada em estratégias como o estranhamento, o deslumbramento e a sedução, para poder "sonhar a beleza do insólito" (Malaguzzi *apud* Hoyuelos, 2004).

É o oposto ao tédio, à indiferença, à homogeneidade. Reflitamos sobre um comentário comum, ao nos queixarmos de que as crianças, a partir de 5 ou 6 anos, perdem o frescor, a espontaneidade em seus desenhos e em suas criações, que começam a copiar, a imitar os adultos, e já não têm essa sedução da inspiração imediata... Perguntamo-nos: por quê?

Oferecemos às crianças, desde sua mais tenra infância, imagens-protótipo, pobres, cheias de clichês... Quando se fala com as crianças, por exemplo, de casas ou animais, rapidamente se desenha na lousa ou no papel, ou se mostram os clássicos e comuns cartões, a típica casa – triângulo, os pássaros em forma de "V", as nuvens de algodão...

Não seria melhor mostrar fotografias, pinturas, imagens diversas de muitos pássaros, de muitas casas, e não de seu estereótipo, que faz uma marca estigmatizada indelével na mente? Porque as crianças nos amam, associam que, se isso é o que lhes mostramos, "é assim que se deve fazer", e, naturalmente, imitam-nos para nos agradar e se parecerem conosco... E, pouco a pouco, deixam de desenhar o mundo como o percebem, com pássaros únicos, irrepetíveis, com unhas e garras, cristas, asas bonitas... E é bem triste que essa globalização do modelo estético se estenda à imprensa, à televisão, poucos se salvando dessa regra, como são, entre outros, os magníficos ilustradores que hoje existem e os que existiram, por sorte, uma exceção à norma.

Ofereçamos a nossas meninas e nossos meninos a Arte com letra maiúscula, e não parcos substitutos.

Não se trata de fazer uma conversa sobre os artistas. Tampouco se trata de "colorir *As Meninas*",[24] ou de contornar modelos de estêncil com quadros de pintores famosos. Esse tipo de proposta, muito em voga ultimamente, são apenas tristes imitações para dar uma falsa imagem de modernidade, de mostrar aos de fora que "se trabalha com a Arte", resposta pobre muito utilizada por edições de cartões para vender a Arte como recurso educativo em seus produtos mercantilistas. Isso é um enfraquecimento e empobrecimento tanto da Arte quanto da confiança nas capacidades infantis, reduzindo ambas a expectativas simplistas.

Ao comentar em introduzir as Artes nas escolas, referimo-nos à saudável e benéfica imersão em imagens artísticas belas e convivência diária, cotidiana, habitual com elas, na plena confiança de que as crianças apreciem as obras em plenitude, absorvam-nas (com que força se fixam na memória as imagens recebidas na infância, lembradas por toda a vida!). Assim, ofereceremos alimento para o espírito.

---

[24] N. da T.: pintura de Diego Velázquez, datada de 1656. Velázquez é o principal artista do Século de Ouro espanhol. Encontra-se, atualmente, no Museu do Prado, em Madri, fazendo parte de seu acervo permanente. A obra é considerada do barroco e há um intenso jogo de luz e sombra. É comum que as escolas distribuam desenhos fotocopiados feitos com base na obra para as crianças colorirem.

As crianças, e também os adultos, nutrem-se delas, para expressá-las e devolvê-las, por sua vez, em mil gestos artísticos.

Propostas inteligentes, como as oficinas de arte na Pinacoteca de Brera, em Milão: "*Giocare con l'arte*" ["Brincar com a arte", em tradução livre], nas palavras do artista plástico Bruno Munari, como uma espiral infinita, entendendo que a Arte sempre encerra propostas de jogo expressivo, sussurra, fala-nos e impulsiona o ato criativo.

De referência obrigatória no âmbito da estética, é preciso mencionar as experiências de Reggio Emilia, às quais aludimos mais uma vez nesta obra. Há mais de cinquenta anos, constituíram-se em referência mundial e inspiração para gerações de docentes.

Loris Malaguzzi foi pioneiro na filosofia educativa dessas experiências. Entre os signos de identidade mais reconhecíveis de sua pedagogia, está a incorporação intencional da estética como uma das dimensões essenciais da vida, da educação e da aprendizagem, entendendo a Arte não apenas como uma forma de representar, mas também como uma maneira de pensar, um modo de viver. Todas as escolas dispõem de um Ateliê, acompanhado pela figura de um atelierista, membro da equipe educativa com formação artística, que acolhe a Arte e os processos artísticos com base na diversidade das linguagens expressivas e poéticas nas escolas e no respeito ao olhar pessoal que cada criança projeta sobre o mundo.[25]

Destacam-se, também, como especialmente significativas e pioneiras no âmbito da educação artística em Educação Infantil na Espanha diversas experiências, citadas nos parágrafos a seguir.

O trabalho de Javier Abad Molina e de Ángeles Ruiz de Velasco Gálvez, no campo da arte e do jogo simbólico, criando instalações de jogos e brincadeiras inspirados na Arte contemporânea e em que, nas palavras de

---

[25] N. do E.: para se aprofundar nos aspectos estéticos trabalhados em Reggio Emilia, recomenda-se a leitura das obras *Mostra Sconfinamenti – atravessando fronteiras: encontros com sujeitos vivos, paisagens digitais* e *Arte e Criatividade em Reggio Emilia: explorando o papel e a potencialidade do ateliê na educação da primeira infância* (da mencionada Vea Vecchi, uma das primeiras atelieristas a trabalharem nas escolas da cidade italiana), ambos publicados pela Phorte Editora.

seus autores, "A brincadeira vira Arte, e a Arte, brincadeira. São ambientes lúdicos, que propõem ir além do meramente manipulativo, do perceptivo ou do sensorial, para chegar a alcançar o simbólico, o narrativo ou o relacional" (Abad Molina e Ruiz de Velasco Gálvez, 2019).

Membros e fundadores do grupo Enter-Arte, coletivo de profissionais educadores que, desde 2002, tiveram uma presença significativa no mundo da educação, na Arte e na sociedade, ao integrar projetos em que Arte e brincadeira confluem, como lugares privilegiados de cultura e de encontro no âmbito educativo e artístico, abrindo processos de investigação que envolvem toda a comunidade educativa.

Igualmente destacáveis são as experiências de César Fernández Arias, escultor, pintor e desenhista. Dedicou parte de seu trabalho à pedagogia dos processos criativos da Arte para crianças, comandando diversas oficinas, entre elas, a do Círculo de Belas Artes ou a Oficina do Homem Raio,[26] em Madri.

Também como trabalho notável, mencionamos o de Ángeles e Isabel Abelleira, com uma interessante e coerente proposta de educação integrada à vida e aos interesses da infância. "Escola de proximidade", na qual múltiplos projetos de vida diária são expressos e desenvolvidos, com riqueza e complexidade, em variadas propostas de Arte, conhecimento, cultura e beleza, sem, contudo, perder de vista o horizonte. Como dizem as autoras:

> o fio condutor da didática infantil não pode ser nem a arte, nem a música, nem a literatura, nem as emoções, nem as áreas [do conhecimento], nem as competências, nem a matemática, nem a língua. O verdadeiro eixo deve ser o conhecimento de si mesmo e dos demais, do local que habitam e do que nele ocorre. (Abelleira e Abelleira *apud* Abad Molina e Ruiz de Velasco Gálvez, 2019)[27]

[26] N. da T.: *Taller de El Hombre Rayo*, no original. Hombre Rayo trata-se de um local com oficinas de criação para desenhar, pintar, construir, para investigar o pensamento construtivo e criativo. Mais informações podem ser obtidas no *site*: http://hombrerayo.com/

[27] N. do E.: para conhecer mais acerca do trabalho feito pelas irmãs Ángeles e Isabel Abelleira em escolas públicas de Educação Infantil da região da Galícia (Espanha), recomenda-se a leitura dos livros *Os fios da infância* e *O pulsar do cotidiano de uma escola da infância*, ambos publicados pela Phorte Editora.

Muito interessante é o trabalho de investigação dos artistas Vicente Blanco e Salvador Cidrás, que integra Arte e educação no compromisso comum da formação de identidade das pessoas em uma construção autônoma, livre e consciente em relação com o contexto sociocultural. Sua publicação *Educar a través del Arte*[28] e seu *blog Escola Imaxinada*[29] são uma constante fonte de inspiração e de ideias para os docentes, ao apresentarem propostas de investigação artística de volume, microprojetos, desenho, natureza, como: pintura magnética, cidade futurista, pintar a natureza, esculturas em 3D, plano e volume, colagem..., convidando, com propostas de cultura ampla e recursos artísticos diversos, sempre tendo como premissa o respeito à cultura da infância e à diversidade, fugindo do estereótipo simplista e em busca da conexão entre Arte, infância, diversão e cultura.

Na Argentina, podemos mencionar como uma experiência excelente e inovadora a do Jardim de Infância Fabulinus, cujas criadoras, Alejandra Dubovik e Alejandra Cippitelli, potencializaram as diferentes linguagens expressivas com base na investigação e na criação de espaços construtivos, de territórios de jogos e exploração, e de investigações artísticas, como a da linha, sendo as crianças suas protagonistas e criadoras. Realizam um trabalho provocador e inspirador na dupla vertente da investigação e na melhoria da prática do trabalho docente, conduzindo meninos e meninas a extrair dos espaços de construção tudo o que podem oferecer como linguagem de expressão e de comunicação.[30]

---

[28] N. da T.: *Educar por meio da Arte*, em tradução livre.

[29] N. do E.: *Escola Imaginada*, em tradução livre. O *blog* pode ser acessado no seguinte endereço: escolaimaxinada.com

[30] N. do E.: para saber mais sobre do Jardim de Infância Fabulinus e o trabalho de Alejandra Dubovik e Alejandra Cippitelli, recomenda-se a leitura dos livros *Construção e construtividade: materiais naturais e artificiais nos jogos de construção* e *A linha como linguagem: repertório do visível.*

Fonte: Andrew Watson – Flickr.

Winter (After Arcimboldo),[31] escultura de Philip Haas.

Fonte: Alécio de Andrade (2009).

Fotografia do catálogo da exposição: *O Louvre e seus visitantes*.

Fonte: acervo particular da autora.

Oficina de arte em Arcimboldo. Joaquin, 5 anos. CP Claudio Moyano, Madri (Espanha, 1997).

Fonte: Fernández Arias (2005).

Pintura de um menino de 5 anos recria *A rendição de Breda*, do pintor espanhol Diego Velázquez. Realizado na oficina de César Fernández Arias, Circuito de Belas Artes.

Olhar a arte: uma inspiração, uma proposta secreta.

[31] *Inverno (depois de Arcimboldo)*, em tradução livre.

Atuar em favor da estética em nossas escolas é como uma declaração de princípios na imagem da infância que nos sustenta. Uma bandeira de liberdade. Porque coloca a cultura da infância em uma escala de respeito de cultura avançada, e não imatura. Porque sabemos que as crianças apreciam, recriam, desfrutam e se emocionam com o autenticamente famoso.

Lembremos, por exemplo, que, em Reggio Emilia, há algumas esculturas de barro esmaltado colorido, produções das crianças de 3 anos, lindos riscos cilíndricos, entrelaçados, abstratos, em 3D, todos únicos, diferentes, emoldurados, em uma vitrine de metacrilato com focos e expostas em uma área central da escola. Quando uma equipe de educadores faz algo assim, opta por uma exposição de obras realizadas pelas crianças, emoldurando-as cuidadosamente, colocando-as em uma vitrine, dando luz, texto e importância, não está declarando a todos que a vejam – pais, mães, crianças e outros visitantes esporádicos – que esse trabalho é muito valorizado, que não são rabiscos feitos ao acaso, que é algo precioso, único?

Valorizar e mostrar esteticamente a beleza das criações infantis. Reggio Emilia (Itália).
Fonte: acervo particular da autora.

Educar a beleza é responder à uma necessidade profunda nos humanos, desde o princípio dos tempos. É um patrimônio de riqueza que será como um tesouro para a memória de nossos meninos e meninas ante um futuro incerto.

O que podemos fazer para fomentar a beleza em nossas escolas? Algumas intervenções são propostas a seguir:

- Evitar o uso de estereótipos na imagem. Fugir dos padrões que reduzem e empobrecem as imagens da infância a clichês, como os desenhos animados, que deformam e simplificam tipos e símbolos; as cores primárias; os símbolos copiados; as silhuetas-base de cores primárias, sem nuances etc.
- Não oferecer modelos estéticos para copiar ou imitar (tanto em ilustrações prototípicas, em cartões, quanto em desenhos feitos por adultos).
- Oferecer muitas escolhas em imagens, variadas, conectadas à beleza, procedentes da Arte, da fotografia e da observação cuidadosa da natureza, e não de substitutos em formas infantilizadas, imitações pobres do belo.
- Mostrar uma realidade múltipla cheia de possibilidades e de contrastes: colagens, fotomontagens, fotografias alteradas, sombras, perspectivas novas ou diferentes de objetos comuns, suscetíveis de criar pensamentos inovadores para o uso e a função dos materiais.

Afastar-se do estereótipo nas imagens visuais

Fonte: Scott Liddell – RGBStock.

Perspectiva nova. O que é?

Fonte: acervo particular da autora.

Observar em companhia.
Visita à exposição *Libros Pop-up: Vida en Movimiento*.[32] Llanes, Astúrias (Espanha, 2007).

Fonte: acervo particular da autora.

Criar depois de observar. Delfin, 5 anos.
Oficina didática da exposição *Libros Pop-up: Vida en Movimiento*. Llanes, Astúrias (Espanha, 2007).

Fonte: Comfreak – Pixabay.

O mundo da Arte: perspectivas alteradas.

Imagens para a infância: uma realidade múltipla e diversa.

---

[32] N. da T.: *Livros pop-up: vida em movimento*, em tradução livre.

Fonte: acervo particular da autora.

Rosto ou rocha? Perspectivas incomuns.

Fonte: acervo particular da autora.

Macrofotografia do detalhe: dimensão alterada.

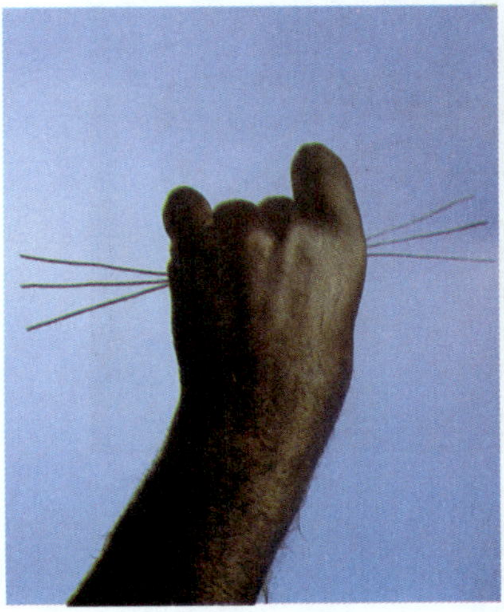

Fonte: Mariotti (1991b).

Plástica de transformação.

Fonte: acervo particular da autora.

Fotomontagem personalizada: a realidade imaginada. Conto: *O mundo de Alex.*

Imagens para a infância: uma realidade múltipla e diversa.

- Cuidar da qualidade dos materiais, da apresentação dos painéis de documentação, da disposição do que se oferece à vista, buscando o equilíbrio na cor, equilibrando cheios e vazios, para favorecer o bom gosto e o sentido estético em composições de mobiliário e de objetos, com estes bem situados ao alcance da vista.
- Ocultar materiais armazenados, evitando a desordem, o amontoamento, o excesso de estímulos visuais, os barulhos...
- Enriquecer as escolas com objetos cuidadosamente selecionados, sugestivos, complementos enriquecedores desses espaços.
- Procurar imagens inusitadas, disposições novas, que surpreendam e atraiam a atenção.

Fonte: Assumpta Baldrich Danés – Pinterest.

Cenários bonitos, estética bela, com disposições equilibradas. Escola de Pistoia (Itália).

Ordem e equilíbrio

Ordem, limpeza e equilíbrio são fatores indispensáveis para um espaço de bem-estar e de serenidade.

Em algumas ocasiões, em uma tentativa de fugir de paradigmas reacionários, nós, professores, caímos no extremo oposto, em alternativas de improvisação, associando ordem e normas com rigidez e autoritarismo. Entretanto, isso deve ser revisto, porque a ordem compartilhada é uma aprendizagem essencial para a vida, para a autogestão e é uma condição para se sentir à vontade no mundo em que habitamos.

É prioridade dedicar tempo para a tomada de decisões em conjunto com as crianças sobre a localização de cada material, para planejar o ato de recolhê-los, "cada coisa em seu lugar, e um lugar para cada coisa", para procurar caixas adequadas, etiquetá-las e mantê-las em uso.

Meninos e meninas, com os adultos, podem revisar os materiais e enviá-los a um lugar especial para consertá-los mais adiante: a "oficina de reparos", o "hospital dos brinquedos". Com isso, evitaremos a desagradável experiência de lidar com materiais estragados ou malcuidados e favorecemos o envolvimento de todos no cuidado com o ambiente. Pode haver "operários" que façam essas ações circularem e se encarreguem de repará-los em colaboração.

Algumas propostas em favor da ordem no ambiente:

- Favorecer a ordem visual e a recolhida dos materiais, com cartazes e lugares específicos para cada coisa.
- Criar normas de organização entre todos, pois a ordem gera ritmos e referências de segurança. Como já dissemos em relação à autonomia, essas normas devem ser decididas em conjunto e expostas como painéis com imagens e textos que reúnam as ideias acordadas. Isso oferece uma referência de autocontrole e de memória para todos os participantes do ambiente escolar, além de evitar a inútil repetição de ordens impostas.
- Buscar o equilíbrio entre estímulos: é importante não retirar de cena um número excessivo de materiais por um tempo, mas, sim, fazê-lo de forma rotativa, bem como não esgotar os espaços ao preenchê-los exageradamente, ou seja, respeitar os espaços vazios, tão necessários para poder apreciar o que se deseja mostrar.
- Compor espaços harmônicos, equilibrados e claramente definidos.

Fonte: acervo particular da autora.

Espaços em harmonia, para favorecer a ordem e o equilíbrio.
Barcelona.

Complexidade e criatividade

No dicionário, define-se *complexidade* como a qualidade do que está composto por diversos elementos. É o oposto ao simples. O pensamento complexo é uma noção utilizada por muitas disciplinas, como Filosofia e Epistemologia, Física e Biologia, Sociologia, Informática, Medicina, entre muitas outras áreas. Autores como Anthony Wilden[33] ou Edgar Morin abrem novos caminhos de pensamento em direção à complexidade. Esses novos avanços apontam a uma interconexão dos saberes.

> Confrontar a ideia de âmbito escolar com base na complexidade, supõe aceitar o imperativo ético de sermos capazes de produzir o maior número de escolhas possíveis. (von Foerster *apud* Cabanellas, Eslava e Fornasa, 2005)

[33] N. do E.: acadêmico britânico que publicou diversos trabalhos na área de Teoria Social, com destaque para teoria da comunicação, ecologia e interação social.

Nossa realidade é complexa: não pode ser contemplada com base em um pensamento único, reducionista, simplificador. Requer-se uma visão holística, que vislumbre as distintas perspectivas de um objeto ou de uma situação. É o contrário do simples, do saber parcelado, das verdades absolutas. Gera perguntas cujas respostas oferecem novas questões. É preciso potencializar visões diferentes que, de forma natural, conectem as experiências de aprendizagem.

Complexidade e criatividade são conceitos paralelos, porque estão estreitamente interligados.

Steve Jobs dizia que a criatividade simplesmente consiste em conectar as coisas. Sermos capazes de sintetizar experiências prévias para criar outras novas. O reconhecido psicopedagogo e desenhista Francesco Tonnuci nos lembra de que educar para a criatividade implica a capacidade de romper esquemas, de desmontar e de voltar a montar significados. Mas isso não é – unicamente – deixar as rédeas soltas para a expressão livre. Criar não indica partir do nada. Requer uma observação sobre a realidade para, depois, transgredi-la em um leque de possibilidades de invenção, de recriação.

Algumas propostas para gerar o pensamento criativo:

- Oferecer atividades que suponham desafios à inteligência.
- Unir materiais inusitados para sugerir ações inesperadas.
- Favorecer um pensamento divergente (múltiplas possibilidades a um problema).
- Fomentar a curiosidade e a investigação (apresentando uma aprendizagem com perguntas a serem resolvidas, e não como caminhos fechados).
- Conectar visões da realidade novas e mutáveis.
- Ter contato com diferentes facetas do ser humano: razão, emoção, fantasia, abstração, racionalidade...

Existem elementos físicos ao nosso redor, geradores de complexidade por si próprios:

- o espelho e o labirinto;
- a luz e a sombra;
- o tato;
- os aromas e os sons;
- o jardim e os sentidos;
- a sinestesia;
- as mudanças e os acordos.

No planejamento de nossos espaços da escola, isso se traduz no aspecto *multissensório* em espaços e em materiais: brincar com o cromático, a luz, a sombra, as substâncias, os cheiros, as texturas, a paisagem sonora... Que façam pensar e que sigam para além do habitual.

Espelho e labirinto

Metáforas da multiplicidade do real, do mutável, da dupla realidade, tanto o espelho quanto o labirinto foram, e ainda são, fonte de inspiração para poetas, filósofos, físicos, matemáticos, artistas...

O espelho. Um exemplo simples temos na imagem que um espelho nos projeta: habitualmente, estamos acostumados a nos ver refletidos em imagens de espelho frontal em uma visão convencional. Porém, quando vemos nossa imagem entre dois espelhos frente a frente, com perspectivas até o infinito, ou quando nos vemos em um espelho ondulado, côncavo, ou descobrimos o que acontece ao entrar na pirâmide de espelhos com mil e uma visões inimagináveis de nós mesmos, estamos alimentando a complexidade de nossa perspectiva por meio dos objetos no espaço.

A própria imagem múltipla é metáfora poética de que os seres humanos somos, ao mesmo tempo, um e muitos, de que a realidade está cheia de facetas, e é algo vivo, mutável, ou seja, complexo.

O labirinto é, também, um conceito de complexidade. Símbolo da vida e de suas dificuldades, do caminho do conhecimento, "do qual, ao sair, sabe-se mais do que ao entrar", presente na literatura, na filosofia, na arte, no cinema, nos quadrinhos, na arquitetura, na religião... Em todas as épocas e culturas, seduziu a humanidade, desde o princípio dos tempos: o fio de Ariadne, o Minotauro, Jorge Luís Borges, Pablo Picasso, Lewis Carroll... Filtra-se em nossa cultura, acompanha-nos quase que sem nos darmos conta, como uma metáfora espiritual do mundo e do universo.

Também na cultura da infância: no labirinto dos espelhos, no trem da bruxa, nas brincadeiras no chão,[34] nos contos de fadas, como *O pequeno Polegar*, *Chapeuzinho Vermelho*, nos jogos de tabuleiro, como o ludo[35] ou jogo da glória,[36] nas canções e nos contos em *loop*, nos jardins com labirinto, nos passatempos encartados em histórias em quadrinhos nos quais se deve entrar e sair, nas brincadeiras espontâneas de meninos e meninas, em seus desenhos, em suas mandalas sobre a areia, nos jogos com pedrinhas, água e areia, de pistas, na invenção de trilhas trabalhosas... Em resumo, na fascinação pela dificuldade e pelo desafio.

Merece uma menção especial o âmbito do labirinto, símbolo *da espiral*. Imagem arquétipo inserida no interior da mente do ser humano desde o início dos tempos, metáfora de significados múltiplos: da criação, da origem do mundo, do movimento contínuo, do começo e do

[34] N. do E.: por exemplo, amarelinha.

[35] N. da T.: no original, "*Parchís*". Jogo de tabuleiro muito similar ao Ludo, com o mesmo objetivo.

[36] N. da T.: no original, "*La Oca*". É um jogo de tabuleiro para dois ou mais jogadores, em que se joga em um tabuleiro em forma de caracol, com 63 casas ou mais. Joga-se de acordo com o número que se tira nos dados, podendo avançar ou retroceder de acordo com cada casa em que se cai. Em algumas delas, há punições. Ganha o jogador que chega à casa 63, denominada, em espanhol, de "*el jardín de la oca*" ("o jardim do ganso"). As primeiras versões comerciais desse jogo apareceram por volta do século XIX, mas existem registros de três séculos antes. Sua origem é imprecisa.

fim, da entrada e da saída, da perda e do encontro, do crescimento e do renascimento. Inserida em nosso DNA, que, curiosamente, também tem um símbolo de dupla hélice, um padrão que se repete desde o infinitamente pequeno ao imenso, presente no mundo natural do planeta e do universo: galáxias, caracóis, brotos de plantas, ondas do mar, formas anatômicas... E o homem as reproduziu na arte e na cultura em diferentes tempos e lugares.

Meninos e meninas pequenos a reconhecem e, de modo instintivo, mostram-se atraídos por ela. Assim, presente no imaginário simbólico da infância, os pequenos a reproduzem em suas brincadeiras, em seus desenhos, em suas construções, em seus movimentos ao brincar. Sentir que, a partir de um ponto pequeno, projetamo-nos em direção a uma forma harmônica em mobilidade. Ampliemos nossa concepção do que significa jogo simbólico, um termo que vai muito além da imitação do mundo adulto, da reprodução de esquemas e situações do cotidiano. Como diz Javier Abad Molina (2006):

> A configuração do espaço também tem um significado simbólico. [...] Um simples círculo ou uma espiral desenhada no chão da sala ou do pátio cria imediatamente um cenário horizontal que delimita e simboliza um cenário de participação e de relação com algumas regras da brincadeira, a serem inventadas a cada instante. [...] os símbolos, as metáforas, os mitos e as diferentes formas narrativas são maneiras de pensar, de sentir, de descobrir e de construir realidades que podem ajudar a estabelecer nossas relações como memória do saber e do pensar.

Fonte: imagem capturada pelo telescópio espacial Hubble, Nasa.

Galáxia.

Fonte: stux – Pixabay.

Caracol.

Fonte: stokpic – Pixabay.

Escada.

Fonte: Predrag Kostic.

Broto.

Espiral e labirinto: um projeto de complexidade.

Fonte: Angela Sevin – Flickr.

Jogo de labirinto em espiral.

Fonte: John Vonderlin – Flickr.

Rodas.

Fonte: Mid-Pacific Institute.

Composição com pedras.

Fonte: Graham Holliday – Flickr.

Desenho feito por criança de 3 anos.

Espiral e labirinto: um projeto de complexidade.

A seguir, alguns exemplos de objetos com espelhos e labirintos interessantes e geradores de complexidade:

- *A pirâmide de espelhos*: consiste em uma pirâmide com espelhos em seu interior, no tamanho real das crianças, para poder entrar e ver a própria imagem de perspectivas múltiplas e incomuns.

> Vejo cem como eu... Há mil de tudo... Em que o chão desapareceu... Um cai do espelho e encontra tantos quartos, parece mais embaixo, embaixo, embaixo... logo para... É como se eu andasse sobre areia movediça... Em liberdade. (Del Río, Spaggiari e Vecchi, 2004)

- *Os espelhos deformantes*: ondulados, côncavos, convexos..., que alteram nosso reflexo, alargando-o, expandindo-o, dando-nos visões novas e, também, fazendo-nos rir.
- *Jogos com espelhos*: confrontados em paredes paralelas para se ver no "túnel infinito"; também realizados com portas móveis como trípticos[37] ou biombos, que nos mostram nosso perfil e, também, vemo-nos por trás. O labirinto de espelhos nos parques de diversões que todos recordamos da infância podem ser recriados com espelhos de vinil colados na parte interna e na externa de caixas para brincar com objetos refletidos em seu interior ou com nosso corpo.

[37] N. da T.: tipo de pintura feita em três painéis ou suportes distintos, sendo unidas suas três partes por uma moldura, formando um único quadro, podendo, em alguns casos, que as duas partes exteriores fiquem dobradas sobre a que se encontra no centro. Em geral, são encontrados na arte bizantina e na renascentista. É considerado uma criação cristã com seu formato remetendo, provavelmente, à Santíssima Trindade.

O labirinto dos espelhos.
Parque de diversões em Altea (Espanha).

Fonte: Richard Leeming – Flickr.

Fonte: Henry Burrows – Flickr.

O espelho deformante.
Blackgang Chine, Ilha de Wight (Inglaterra).

- *Caleidoscópios*: de mão ou de tamanho natural, sempre são fascinantes criando fractais[38] e jogos de luz.
- *Periscópio*: com um sistema interno de espelhos, como o dos submarinos, faz as crianças verem o mundo à altura dos olhos adultos.
- *Mesa espelhada*: em uma mesa comum, colar uma peça de espelho para brincar em cima com peças de construção, torres, folhas e flores, penas, pedras e objetos diversos. Assim, veremos a realidade de diferentes pontos de vista: as coisas se veem dobradas, e a realidade se duplica à medida que se constrói sobre ela, criando várias dimensões do real.

[38] N. da T.: figura geométrica não clássica muito encontrada na natureza, como o floco de neve de Koch. Suas partes separadas repetem os traços da figura completa, ou seja, são miniaturas do todo.

Fonte: ACRBIO – Imágenes Educativas.

Mesa espelhada.
Espaço Montessoriano.

Fonte: Vivir es Aprender.

Mesa de luz.
O Ateliê de Aladin.

- *Labirintos* construídos em papelão ou em blocos de espuma para serem percorridos ou para serem recriados jogos de tabuleiro, como o jogo da glória. Também podemos propor que as crianças inventem seus próprios jogos de tabuleiro, com suas próprias regras e seus próprios tabuleiros, percorridos com pedras, areia, veículos, mandalas etc., tanto pequenos quanto de tamanho gigante, por exemplo, num projeto de grupo, sobre a parede e sobre o chão, com materiais diversos, como uma colagem em 3D etc.

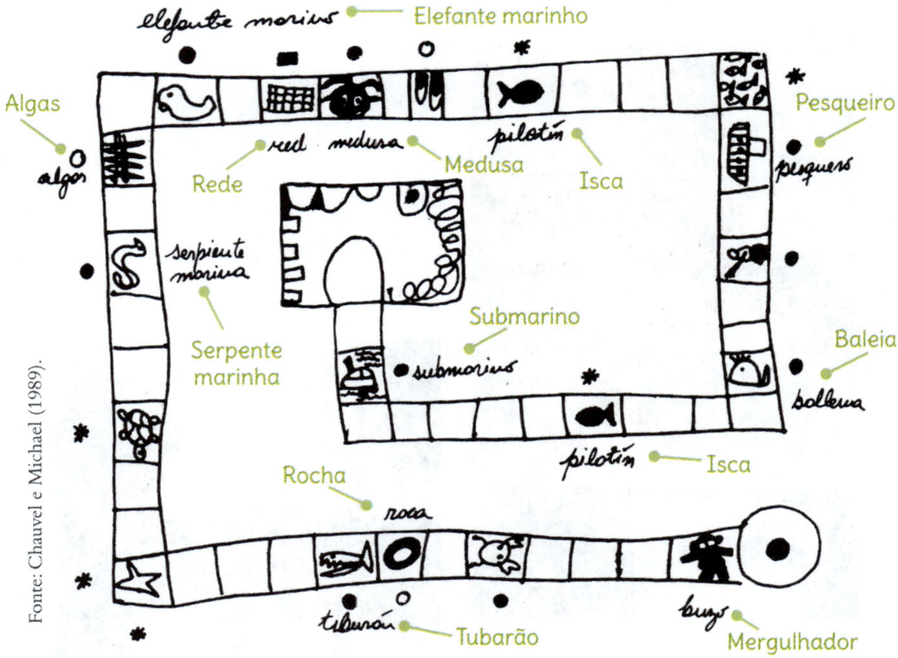

Fonte: Chauvel e Michael (1989).

Viagem pelo fundo do mar. Jogo de tabuleiro inventado pelas crianças.

Luz e sombra

Claridade e escuridão, alegria e medo, luz do sol e noite estrelada, Sol e Lua, luz que mostra e oculta, que nos permite perceber a cor. Sombra que é, ao mesmo tempo, real e irreal, tangível e intangível, estimula a fantasia e, por sua vez, o exercício da razão. Material para a mudança, a observação, a experimentação, a brincadeira e a transformação múltipla.

- *Mesas de luz*: uma mesa como uma caixa, com uma lâmpada dentro e um interruptor. A tampa deve ser de acrílico transparente. Ideal para brincar e experimentar sobre ela com pedaços de papel celofane de cores diferentes, papel de seda, silhuetas de sombras, para fazer furos em tampas de papelão que deixam passar a luz etc.
- *Retroprojetor de transparências*: para projetar sobre uma parede, sobre nós, ou sobre coisas, objetos e cores, opacos ou transparentes, imagens

de luz... Para experimentar ao projetar objetos pequenos que se tornam grandes sobre a parede, para criar jogos de sombras opacas etc.

- *Caixa de luz*: uma simples caixa de sapatos com tampa de cartolina preta, uma lanterna dentro, um furador e um cômodo escuro são tudo de que se precisa. Ao perfurar a tampa com um furador, o teto irá se encher de estrelas... Um universo mágico que entra em nossa escola. Se acompanhada de música apropriada, a experiência com os pequenos se transforma em algo extraordinário. Dimensões da mente, do espírito e do coração, que, juntos, soam em uníssono.

> Todos no cômodo escuro com essa estranha caixa em mãos. Um buraquinho aberto com o furador de madeira libera um minúsculo feixe de luz; é um milagre. Com muitos buraquinhos em fila, pode-se desenhar, pode-se escrever... Pode-se desenhar com a luz. (Tonnuci *apud* Malaguzzi, 1985)

- *Jogos de luz e cor nas vidraças*: nelas, podemos colar acetatos, através dos quais a luz passa em reflexos multicolores, ou, também, colocar recortes de vinil na janela. Se preenchermos fôrmas para cubinhos de gelo com corantes diferentes na água, colocarmos o gelo em saquinhos transparentes e os pendurarmos nas janelas, isso cria efeitos mágicos. Podemos pendurar óculos de papelão feitos com acetatos de várias cores, à altura dos olhos, em varais, para que se sobreponham, convertam-se em novas cores e que seja possível ver a realidade transformada.
- *Pirâmide de luz e cor*: é uma estrutura com tubos leves, como uma tenda, parece a pirâmide de espelhos. Mas os painéis devem ser substituídos por acrílicos de diferentes cores. Você entra nela, e zás! Num instante, a realidade se enche de filtros, o cômodo se transforma em azuis, cor-de-rosa, verdes, e, se a luz do sol unir-se ao jogo, tudo se inunda de mil e uma cores misturadas, que nos dão perspectivas novas do cotidiano, experiências inesquecíveis.

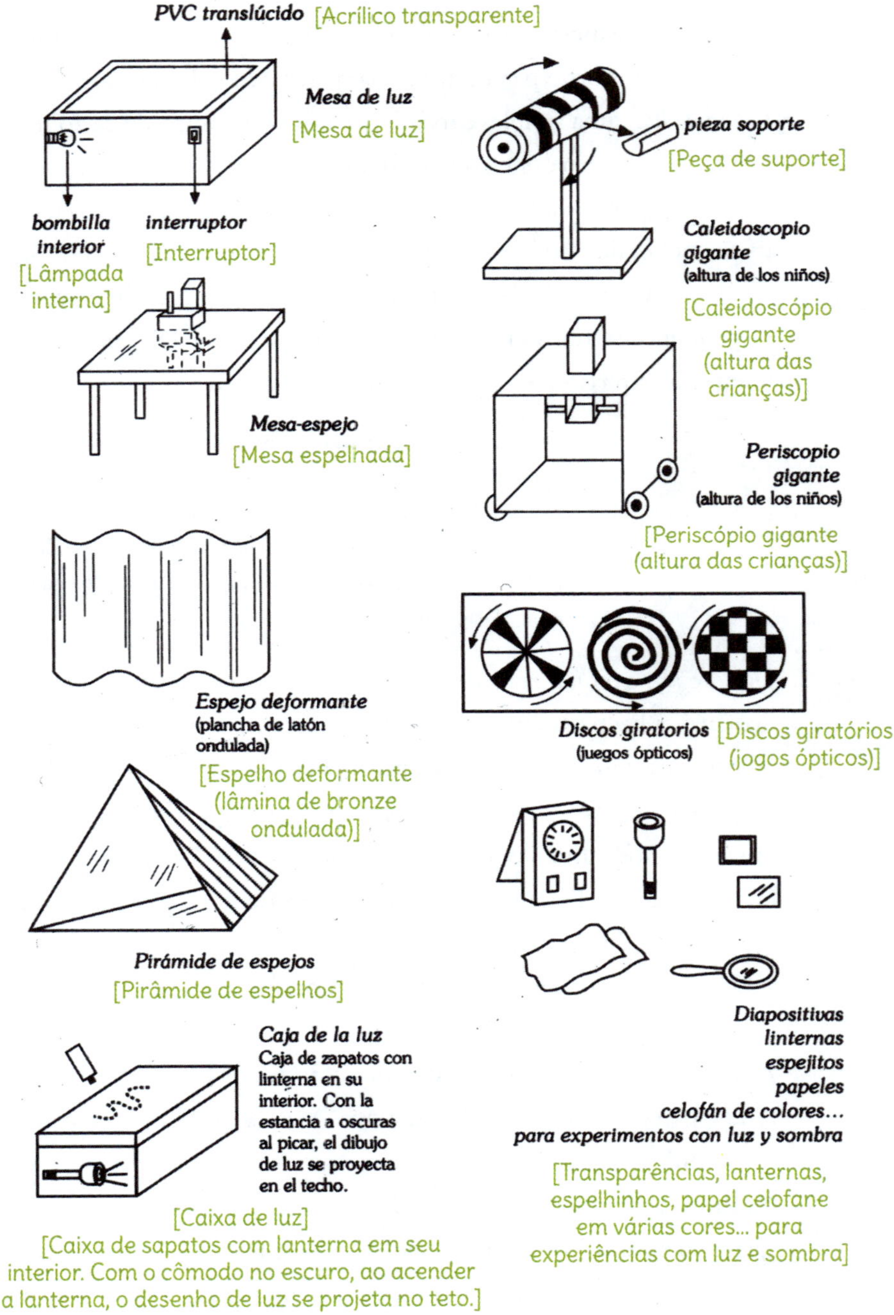

Alguns objetos para a complexidade.

Fonte: Trueba Marcano *et al.* (1992).

- *Luz nas paredes*. Móbiles pendurados no teto perto das janelas, com peças brilhantes, com reflexo, de miçangas de cristal, que dão lugar a milhares de luzes pelo chão, teto e parede, que parecem vivas, convidam para serem perseguidas e tanto fascinam as crianças e os mais velhos.

Fonte: Learning and Exploring Through Play.

Espelho: uma provocação silenciosa de reconhecimento e de identidade.

Luz e cor: imagem projetada, corpo transformado.

Fonte: Mamandala et Petit chou.

Provocações silenciosas.

- *Dividir ambientes com materiais transparentes e translúcidos.* Com murais sobre grandes plásticos transparentes pintados, que separam áreas e, também, deixam passar luz e cor, permitindo osmoses entre ambientes. Móbiles de miçangas, tubos com bolinas de gude, tecidos, como seda ou gaze colorida, colares compostos por contas transparentes e opacas...
- *Teatro e jogo de sombras*. Em um batente de uma porta ou entre duas cadeiras ou duas árvores, pendura-se um tecido. Para brincar de "achou!",[39] de esconde-esconde, de teatro de fantoches. Podemos colocar uma luz atrás do tecido e fazer teatro de sombras, de silhuetas...

[39] N. da T.: no original, "*cucú-tras*" remete-se ao nosso "achou!". Na brincadeira, escondemos o rosto, em geral, com as mãos ou com algum pano e, ao mostrar o rosto, dizemos "*cucú*", o que faz o bebê rir. É uma das primeiras brincadeiras que a criança aprende.

- *Jogos de luz e sombra ao ar livre*. Em um dia de sol ao ar livre, brincar com a sombra é um prazer. Por que não brincar de pintar sua silhueta? Também podemos brincar com prismas ópticos, que criam o arco-íris, com bolhas de sabão, com silhuetas de madeira. E para que as crianças façam suas próprias fotografias no exterior, para serem "caçadoras de luzes e de sombras", capturando-as nas folhas, no chão, na terra, nos muros...

Fonte: Mini First Aid.

Sombras no chão.

Fonte: @wewon31 – Flickr.

Teatro de sombras com silhuetas.

Brincar com a sombra.

Tato, aromas e sons

- *A caixa dos sentidos*: consiste em uma caixa de papelão ou de madeira, que tem uma tampa com trinco. Abrem-se dois orifícios, para que as mãos sejam colocadas, e se inserem dentro da caixa alguns objetos cotidianos: uma escova de cabelo, uma laranja, um brinquedo, uma colher, um sapato etc. Objetos ásperos, suaves, peludos, com espinhos... Eles devem ser trocados de tempos em tempos, para adivinhar o que há dentro da caixa, para desenhar o que se sente e se toca, enfim, para representar e se deixar levar por sensações novas e inesperadas.

> *Há um jogo que dá um pouco de medo. Ele se chama "Toca e adivinha". É uma peça de madeira comprida e verde pendurada na parede, com tubos cinzas riscados. Se você é valente, põe uma mão lá dentro, e, com a ela, adivinha o que tem lá. Eu (Federica) não sei por que, mas sempre tocava a cebola e ficava com um fedor na mão!*
>
> *Para mim (Luca), parece que as professoras são meio brincalhonas: às vezes, colocavam um tipo de gelo que fazia a mão sentir um pouco do frio do Polo Norte.* (Del Río, Spaggiari e Vecchi, 2004)

- *Chão, plataformas e paredes com inclinação ou texturas diferentes.* Tanto no lado externo quanto no interno: ásperos, rugosos, suaves, peludos, quentes, frios, pedregosos, de terra, de lã, de cortiça, de espuma de borracha, de areia; jardins verticais, de grama, de trevos...
- *Caixas de aromas*: caixas com frascos com tampas rosqueadas contendo plantas aromáticas, como lavanda, alecrim, sálvia, tomilho, café, cacau etc. Outros com líquidos com cheiros conhecidos: vinagre, perfume, rosas etc., para brincar, reconhecer e descobrir o mundo do nariz.

> Depois há professoras que, quando as crianças chegam, sempre as cheiram e lhes dizem: "*Como você está cheiroso hoje! Está usando a loção de barba do seu pai?*". Inclusive, elas se perfumam, mas, sobretudo, sempre insistem em nos fazer cheirar as coisas. Por exemplo, sempre preparam limão, laranja, alecrim, pomelo,[40] e outras ervinhas

[40] N. do E.: também conhecida como *toranja*, é uma fruta cítrica nativa do Sudeste Asiático.

> perfumadas e flores. Também se pode desenhar os perfumes e tocá-los; nós sempre fazemos isso na sala de música! (Del Río, Spaggiari e Vecchi, 2004)

- *Chocalhos, instrumentos e caixas de música*: com potes, latas e caixas comuns, cheias de legumes, pedras, areia, pedaços de papelão, e fechadas muito bem, com fita isolante. Ou frigideiras com colheres, caixas como tambor, caldeirão com cabo metálico, cilindros com sementes para paus-d'água,[41] peneiras com pedras, colares com guizos, tubos ocos para soprar... Para tocar a bateria, o bumbo e as soalhas.[42] Para descobrir o ritmo, todo um novo universo sonoro.

O jardim dos sentidos

O espaço externo é, por si, a porta de acesso a um mundo complexo de múltiplas sensações: a natureza, a chuva, o jardim, o bosque, os bichos, as árvores, a terra, a água, as plantas e as flores...

É um recurso educativo de grande valor, que merece uma atenção especial. Parafraseando Penny Ritscher, distingue-se da vida nos ambientes internos por quatro razões principais:

- Por ser um espaço amplo, que permite mais movimento. Porém, a autora nos lembra de que não é correto pensar nele como uma "folga", pois, no jardim, acontecem comportamentos muito mais complexos.
- Por ser o *habitat* privilegiado da brincadeira livre, na qual nós, os adultos, tornamo-nos menos dirigentes.
- Por ser um lugar de encontro social muito além dos limites da escola.
- E por ser um lugar de encontro com a natureza, ainda que, muitas vezes, esta esteja restrita a um pequeno espaço.

---

[41] N. da T.: seu nome científico é *Dracaena fragrans*. É uma planta bem fácil de cuidar.

[42] N. da T.: *sonajas*, no original. É uma rodela metálicada usada em vários instrumentos musicais, como o pandeiro, em que o som é produzido quando as rodelas se chocam entre si. Existe um outro tipo, que é um instrumento de barro esférico utilizado pelos nativos do México, similar a um chocalho.

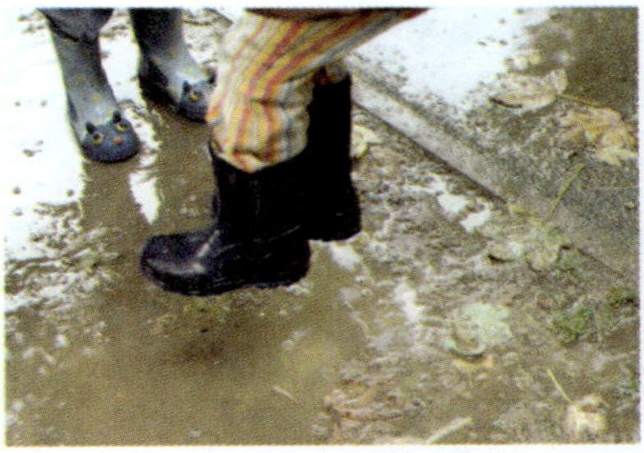

Fonte: allie pasquier – Flickr.

Com galochas na poça.

Fonte: woodleywonderworks – Flickr.

Sombras no muro.

Fonte: LUSI – RGBStock.

Brincadeiras no chão.

Fonte: Jessica Lucia – Flickr.

Areia na beira do córrego.

Fonte: Richard Leeming – Flickr.

Saltando no ar.

Fonte: F. Voisin-Demery – Flickr.

Bolhas e reflexos de luz.

O jardim dos sentidos.

Devemos confiar nas possibilidades intrínsecas que o jardim e o pátio encerram, pois emitem profundas mensagens e ensinos ocultos em cada um de seus cantos.

> A vida no jardim, em geral, é considerada como a Cinderela da programação. É tratada sem contemplações e é deixada de lado, ao passo que suas importantes meias-irmãs (as atividades programadas) vão ao baile. Porém, a criada se transforma em princesa se soubermos valorizá-la. (Ritscher, 2006)

É preciso ir além dos curtos tempos de recreio. Oferecer amplamente tempos para estar ao ar livre. Permitir o "ócio fecundo", que o jardim nos presenteia, para "perder" alegremente o tempo e ganhá-lo para a vida. Estar fora, brincando tranquilos, é oferecer um número infinito de possibilidades, é uma oficina das inteligências, de brincadeira não regrada, de favorecer descobertas e de dar a vez para que meninos e meninas entrem em contato sensorialmente com todo um mundo de complexidade, surpresa e deslumbramento.

Tão necessária quanto a planificação de espaços no lado interno é o planejamento educativo e intencional dos espaços externos das escolas.

Os princípios de organização ambiental que guiam este livro são igualmente válidos para espaços internos ou externos, em um sentido único e integrado.

Contudo, não nos esqueçamos de que, por sua própria natureza, por sua acepção de espaços ao ar livre, pelas atividades que permite e propicia, esses espaços são de índole mais aberta, extensa, e afastados de disposições regradas, muito diferentes daquelas que transcorrem em espaços fechados. É, por isso, indispensável dedicar aos espaços externos uma atenção especial em seu desenho e em sua estrutura.

Como sugestão de desenho e organização dos espaços exteriores de pátio e de jardim, propomos um esquema adjunto. Tem base nas investigações de Elinor Goldschmied[43] e é ampliado com novas propostas.

Está definido por quatro grandes âmbitos suscetíveis de adaptação a cada entorno concreto:

- atividade motora;
- fantasia e jogo simbólico;
- natureza;
- brincadeiras tradicionais.

[43] N. do E.: educadora inglesa cujas ideias de usar materiais não industrializados e não convencionais levaram ao conceito do "brincar heurístico" e do "cesto de tesouros".

O pátio e o jardim da escola: ambientes e áreas de brincar

ATIVIDADE MOTORA
Correr, subir, arrastar-se, pedalar, empurrar, rodar, colocar, saltar...
Solos macios e firmes

FANTASIA E JOGOS SIMBÓLICOS
Inventar histórias, imaginar, simbolizar...
Casinhas, cabanas, tendas, caminhão, carro, barco, trem, ônibus...
Espirais, círculos, quadrados, labirintos...
Materiais abertos: caixas, tecidos, pedras...

EXPERIÊNCIAS NA NATUREZA
Água, luz, sombra, ar, terra, areia, poças...
Plantar, regar, cuidar de animais, de terrários, do jardim...

BRINCADEIRAS TRADICIONAIS E COM REGRAS
Amarelinha, brincadeiras de roda, de corda, de bambolê, de pião, de elástico, de corrida de sacos, de pipa, de bolinha de gude, jogo da tava ou do osso, jogo da rã ou do sapo, futebol de tampinhas...

Esquema espaços exteriores (com base em Eleanor Goldschmied).
Fonte: Trueba Marcano (2017).

Sinestesia

Entende-se por sinestesia a assimilação conjunta ou interferência de vários tipos de sensações de diferentes sentidos em um mesmo ato perceptivo.

É conhecida desde o século XIX como uma alteração neurológica pela qual determinadas pessoas têm um cruzamento de áreas adjacentes do cérebro que processam diferentes informações sensoriais.

Ouvir cores, ver sons, perceber sabores ao tato, fazer correspondências entre música e cor, entre cores e sabores são alguns exemplos dessa capacidade.

Todos temos essa capacidade latente, "em maior ou menor medida, todos somos sinestésicos" (Cabañes, 2009), e existem associações intuitivas, experiências comuns entre determinadas formas e seu som, por exemplo, o reconhecimento de quando uma canção é triste ou alegre.

Uma alteração genética também relacionada aos artistas e à criação. Estudos recentes têm investigado a intrínseca relação entre a sinestesia e a criatividade, visto que amplia as relações entre os objetos.

> Para a criatividade, não basta apenas ter muita informação [...]. Portanto, é importante, também, que se ampliem as possibilidades de relacionar os dados, visto que, à medida que aumentam as relações possíveis a serem estabelecidas, aumenta a criatividade: sermos propensos a fazer conexões em diferentes campos conceituais nos faz mais criativos. (Cabañes, 2009)

Jogos sinestésicos

- Qual o som de uma banana, de uma laranja, de uma pera, de um chocolate...?
- Ao ouvirmos uma melodia enquanto desenhamos e colorimos, que cor tem essa música?
- Associar escalas de notas e de cores.
- Colocar cores em comidas e em sabores.
- Qual o gosto das palavras?
- Que cores têm as letras?
- Qual o cheiro de uma música?
- Inventamos palavras para formas abstratas.

Maria José de Córdoba Serrano, pesquisadora sobre os fundamentos teóricos, artísticos e científicos da sinestesia e de suas aplicações na Educação, lembra-nos de que devemos levar em consideração essas propostas que nos abrem novas possibilidades no campo educativo como base de um pensamento holístico criativo.

> Porque é mais fácil transmitir, despertar e analisar a realidade com base no aspecto multissensório, de uma análise multimodal, do que com base em uma análise linear ou unidirecional. (de Córdoba Serrano, 2009)

Mudanças e acordos

Englobamos aqui todas as experiências e descobertas da perspectiva do inusitado, da mudança de uso, do que nos surpreende e nos provoca, da interação sensorial.

- *Jogos de reconhecimento de objetos vistos de novas perspectivas.* Um cacto ou um botão de flor fotografado com *zoom* em algum detalhe de sua estrutura abre uma porta a dimensões novas em que o objeto retorna, irreconhecível, à imagem habitual. Do mesmo modo, a terra, as cidades, os campos, o mar e suas ilhas..., fotografados do ponto de vista de um pássaro, lembram-nos obras de arte abstrata. Jogos para "re-conhecer" e jogos para realizar. O acesso a tirar fotos nunca foi tão fácil quanto é hoje em dia. As crianças já são especialistas no manejo de celulares e de câmeras. Por que não brincar de fotografar os objetos cotidianos de ângulos estranhos e ver se os outros adivinham o que são?

Fonte: Chechi Peinado – Flickr.

Ponta de folha com gotas de orvalho.

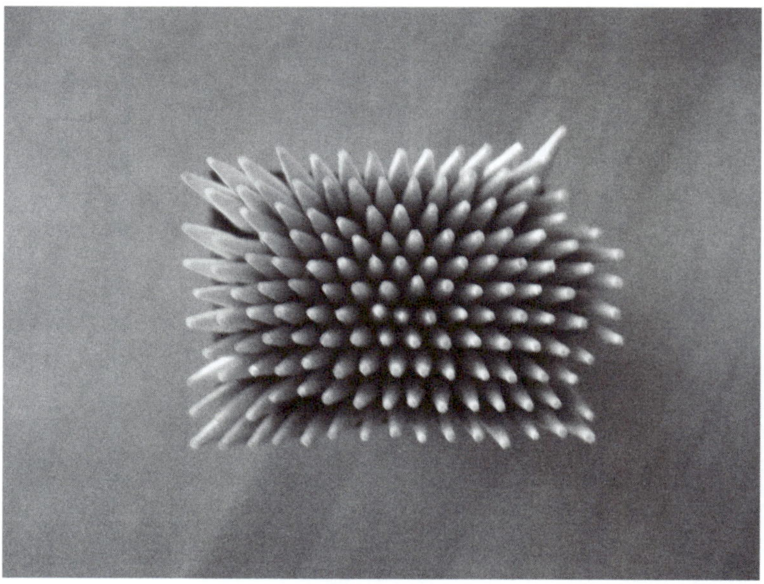

Fonte: Rosmarie Voegtli – Flickr.

Palitos em suporte.

Imagens surpreendentes vistas de perspectivas incomuns.

- *Jogos para buscar usos inusitados a objetos cotidianos.* Recordemos imagens da arte: *A cabra*, de Picasso,[44] com o selim e o guidão de uma velha bicicleta, o sofá dos lábios vermelhos de Salvador Dalí,[45] a roda na banqueta de Marcel Duchamp,[46] os retratos com frutas de Giuseppe Arcimboldo...[47] Tantas propostas surpreendentes que deslocam a mente de seu lugar habitual para nos conduzir a mundos novos. Levemos essas propostas à escola em uma forma de jogo que estimule o pensamento criativo: imagens surpreendentes, que ofereçam novas perspectivas à razão e à imaginação. Construir objetos impossíveis com materiais cotidianos, como restos de madeira, de papelão, de copos de plástico, de parafusos, de tecidos. São propostas encontradas na arte contemporânea.

Fonte: Fernández Arias (2005).

Brinquedo construído por crianças com objetos cotidianos.

Fonte: *Dada* (2000).

Colagem – Fotomontagem.

Fabricar objetos, criar mundos... com materiais cotidianos.

[44] N. da T.: *La Cabra*. Feita em bronze, de 1950.

[45] N. da T.: *Labios*. Feito em madeira e cetim, de 1936. Inspirado nos lábios da atriz americana Mae West.

[46] N. da T.: *Roue de bicyclette* ("Roda de Bicicleta"). Teve várias versões. Feita inicialmente em 1913 e recriada em 1951 pelo próprio artista.

[47] N. da T.: pintor italiano do século XVI conhecido por criar retratos compostos por objetos, como frutas, vegetais, flores, peixes e livros. Entre seus retratos, temos o conjunto *Le quattro stagioni*, em que representa em cada um as estações do ano.

- *Jogos sinécticos.*[48] Consiste em unir dois seres ou objetos para construir um novo. Por exemplo, o "telessauro" (telefone e dinossauro), o "patovelha" (mescla de pato com ovelha) etc. Também em jogos de contos desdobráveis ou *pop-up* de rostos cortados, em que se misturam cabeças, corpos e pernas de diferentes seres etc., ou de distintas partes do rosto. Propostas que são para brincar, mas também inspiram para criar "contos absurdos" pelas crianças no ateliê de arte.

Pop-up de rostos cortados. Reprodução em estrutura gigante. Visita à exposição *Libros Pop-up: Vida en Movimiento*.

Fonte: acervo particular da autora.

Fonte: Ian Jackson (1999).

Livro *Animagic: Animales extraordinarios.*[49]

Jogos de rostos e corpos cortados.

[48] N. do E.: "sinéctico" é o método criativo de resolução de problemas criado pelos acadêmicos estadunidenses William J. J. Gordon e George M. Prince.

[49] N. da T.: "Animágic: animais extraordinários", em tradução livre. Na figura, há uma combinação entre um camaleão ("*camaleón*" – "*ca*"), um flamingo ("*flamenco*" – "*men*") e um quati ("*coatí*" – "*tí*").

Há, também, *a colagem e a fotomontagem*, técnicas amplamente utilizadas pelos artistas dadaístas e surrealistas, podem levar à escola uma dimensão nova: cortar e colar para criar mundos estranhos, oníricos, para mesclar o diminuto e o enorme em uma composição nova, que incita a imaginação.

Ademais, pode-se citar *a arte postal*, que nos propõe jogos estéticos com base nos códigos de envio postal: endereço, selos, envelopes etc.

A arte nos abre, além disso, um campo novo para criar arte da natureza, *Land Art*, com elementos como folhas, gravetos, pedras, ramos...

Essas, e muitas mais, são propostas que a arte nos sussurra e nos dá asas para voar com a mente. As velhas técnicas do furador e dos recortes se transformaram; agora, as mãos cortam e colam para criar, como verdadeiros artistas, não para obedecer absurdas e tediosas tarefas, mas, sim, para voar na deliciosa nave da razão e da imaginação.

Fonte: rz100ARTE.

Land Art, arte da natureza.

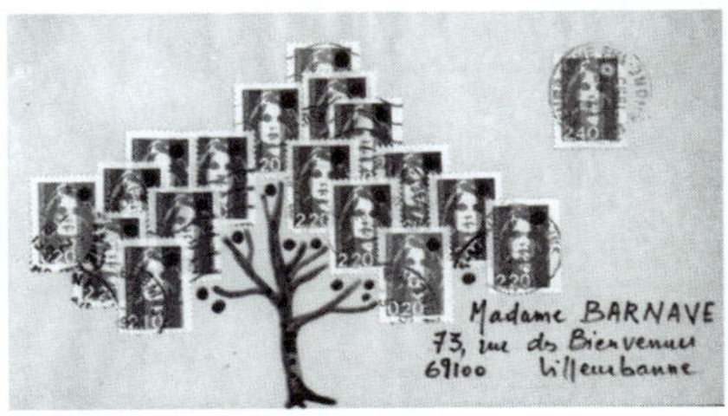

Fonte: acervo particular de José Luis Rodríguez de la Flor.

Arte postal.

Fonte: Pickelebums.com.

Combinações, colagem, mudanças, criações.

Algumas palavras finais...

Assim, então, comecemos a relacionar nossos pensamentos com nossas ações. Que nossos espaços reflitam nossa imagem da infância, nossa realização pessoal, a felicidade de se encontrar a si próprio na vocação de estar com meninos e meninas. Ser professores e professoras passa por se desprender do desnecessário, de chegar ao essencial, de tirar "roupas velhas" que nos afastam do importante: a paixão de aprender juntos, crianças e adultos, em um contexto rico em aprendizagem. É um caminho ao qual ninguém pode colocar um ponto final. Como disse Elias Canetti (1996): "O mais bonito de aprender é que isso multiplica os enigmas".

Proposta de trabalho prático

Projeto espacial e princípios educativos:
o valor de um espaço

Esta é uma proposta para equipes que desejam refletir sobre os princípios educativos que são um referencial em sua prática e sua conexão com a organização dos espaços na sala e na escola. A finalidade deste trabalho é criar coerência entre intenção e prática educativa no projeto ambiental.

1) Comparar os princípios educativos próprios com os propostos neste capítulo:

SIGNIFICATIVIDADE E ESCUTA – IDENTIDADE – AUTONOMIA – INTERAÇÃO E COMUNICAÇÃO – DIVERSIDADE – HABITABILIDADE – ESTÉTICA E BELEZA – ORDEM E EQUILÍBRIO – COMPLEXIDADE E CRIATIVIDADE

Trata-se de compará-los com os existentes no Projeto Educativo da equipe, adicionando ou retirando os que se considerem convenientes. Nesta primeira fase, são definidos ou recordados aqueles grandes ideais educativos que queremos que estejam presentes em nossa prática. Seria desejável unir ao trabalho sobre o próprio Diário Escolar e a imagem da infância, proposto no Capítulo 4. Tentar concretizá-los em uma ou duas palavras que os identifiquem facilmente.

Continua

Continuação

2) Analisar um por um, procurando em quais espaços estão presentes e de que modo.

Assim, por exemplo, procurar-se-á em quais espaços se trabalha a *identidade* individual, a de grupo, a dos materiais, dos tempos etc., ou de que modo a *autonomia* se conecta com a organização dos espaços (acessibilidade, visibilidade etc.).

Convém *discutir e comparar* as respostas selecionadas, abrir a imaginação à tempestade de ideias e tentar explicar aos outros como cada um enxerga, ou seja, o porquê de sua resposta. Nesta etapa, é recomendável ser criativo, não colocar travas à imaginação, estimulando soluções surpreendentes. É interessante nesta fase contar, também, com a colaboração de algum artista que dê uma visão criativa e pessoal dessas possibilidades. É providencial que alguém *anote as conclusões*.

Sugere-se que, *em cada seção de trabalho, trate-se de apenas um princípio educativo*. Deve-se *escrever as conclusões* gerais e sempre deixar uma seção para realizar uma *proposta de melhoria* no campo trabalhado.

De modo concreto, trata-se de observar como a forma de organizar o espaço corresponde a determinado *princípio*.

Por fim, propomos que, se melhorias forem incorporadas no projeto espacial, não se faça isso de forma isolada, mas, sim, em relação com as verdadeiras intenções educativas, em consonância com todo o espaço da escola, e não unicamente das salas.

Bibliografia

Abad Molina, J. Proyecto *La Espiral*, Indivisa. Boletin de Estudios e Investigación, n. 7, p. 239-248, La Salle Centro Universitario Madrid, España, 2006.

Abad Molina J. y Ruiz de Velasco Gálvez Á. *El juego simbólico*, Editorial Graó, Barcelona, 2011.

Abad Molina J. y Ruiz de Velasco Gálvez Á. *El lugar del símbolo. El imaginario infantil en las instalaciones de juego*, Editorial Graó, Barcelona, 2019.

Abad Molina J. y Ruiz de Velasco Gálvez Á. *Se juega a aprender, no se aprende a jugar*, Periódico Faro de Vigo, Entrevista realizada por Ángeles e Isabel Abelleira Bardanca, Vigo, 3 dic. 2019.

Abelleira Bardanca Á. y Abelleira Bardanca I. *Los hilos de Infantil. Innovarte Educación Infantil*, Editorial Octaedro, Barcelona, 2017.

Abelleira Bardanca Á. y Abelleira Bardanca I. *El latido de un aula de Infantil. Elogio de la cotidianidad.* Editorial Octaedro, Barcelona, 2020.

Anceschi, G. *L'occhio se salta il muro,* Reggio Emilia; MEC-CAM, Madrid, 1987.

Andrade A. de. Fotografias – *Le Louvre et ses visiteurs*, prefacio de Edgar Morin, Editions Le Passage, París, 2009.

Arnaiz, V. ¡Para eso estamos los maestros!, Es Diari, Menorca, 19 dic. 2014.

Blanco V. y Cidras S. *Educar a través d'arte. Cara a una escola imaxinada*, Editorial Kalandraka, Madrid, 2019.

Bronfenbrenner U. *Ecología del desarrollo humano*, Ed. Paidós, Barcelona, 2002.

BRUNHOFF, J. de. *Babar et le professeur Grifaton*, Hachette, París, 1956.

CABANELLAS I.; ESLAVA C. y FORNASA W. *Territorios de la infancia. Dialogos entre arquitectura y pedagogía*, Ed. Graó, Barcelona, 2005.

CABAÑES MARTÍNEZ E. *Sinestesia y creatividad artificial*, III Congreso Internacional de Sinestesia, Ciencia y Arte, Artecittá, Granada, 2009.

CANETTI E. *Hampstead. Apuntes rescatados 1971 – 1974*, Anaya & Mario Muchnik, Madrid, 1996.

CHAUVEL D. y MICHEL V. *Juegos de reglas para desarrollar la inteligencia*. Editorial Narcea, Madrid, 1989.

CORUJO Y. *El Diario como elemento de reflexión*, Revista Infancia 144, Ed. Rosa Sensat, Marzo-Abril, Barcelona, 2014.

DADA. *La prèmiere revue d'art*, Editions Arola, Mango, París, n. 67, 2000.

DE BOTTON A. *La Arquitectura de la Felicidad*, Ed. Lumen, 2008.

DE CÓRDOBA SERRANO, M. J. *Fundamentos Teóricos, artísticos y científicos de la Sinestesia*, III Congreso Internacional de Sinestesia, Ciencia y Arte, Granada, Artecittá, 2009.

DE FEBRER M. y JOVER M. *Los Límites del Aprendizaje*, Revista Cuadernos de Pedagogía, n. 243, Barcelona, 1996.

DEL RÍO, P.; SPAGGIARI, S. y VECCHI V. *Consejos, las niñas y los niños de 5-6 años explican a los de 3 años la escuela que los acogerá,* Octaedro - Rosa Sensat – Reggio Children, Barcelona 1995.

DÍEZ NAVARRO M. C. *Un diario no del todo pedagógico*, Ediciones de la Torre, Madrid, 1999.

DUVOBIK A. y CIPPITELLI A. *Territorios de juego y exploración,* Editorial Octaedro, Rosa Sensat, Barcelona, pendiente de publicación.

FERNÁNDEZ ARIAS C. *Taller de Pintura y Construcciones*, Ed. Mediavaca Grandes y pequeños, Madrid, 2005.

GOLSCHMIED E. *Educar en la Escuela Infantil*, Editorial Octaedro, Barcelona, 2005.

GOSCINNY R. y SEMPÉ J. *El Pequeño Nicolás*, Ed. Alfaguara, Barcelona,1997.

HOYUELOS A. *La estética en el pensamiento y obra de Loris Malaguzzi*. Octaedro, Rosa Sensat, Barcelona, 2006.

HOYUELOS A. *La ética en el pensamiento y obra de Loris Malaguzzi*. Octaedro, Rosa Sensat, Barcelona, 2004.

HOYUELOS A. y CABANELLAS I. *Malaguzzi y el valor de lo cotidiano*. Ponencia Congreso de Pamplona 1996.

JACKSON I. *Animagic, crea fantasticos personajes de los pies a la cabeza*. Editorial Planeta Infantil, 1999.

JANSÁ E. *El valor de la compleja sencillez*, Revista Infancia en Europa, El tiempo de la Infancia, v. 13.25, Rosa Sensat, Barcelona, 2014.

JIMÉNEZ N. y MOLINA L. *La escuela Infantil: Lugar de acción y coparticipación*, Ed. Laia, Cuadernos de Pedagogía, Barcelona, 1989.

KAMII C. *Autonomy: Tha Aim of Education*, Envisioned by Piaget, The Phi Delta Kappan, v. 65, n. 6, EEUU, Feb. 1984.

KANDINSKY V. *De lo Espiritual en el Arte*, Ediciones de Bolsillo, Barral, Barcelona, 1977.

KORINTUS M. *Mamá vendrá a recogerte después de la siesta*. Revista Infancia en Europa, El tiempo de la Infancia, v. 13.25, Rosa Sensat, Barcelona, 2014.

LOUGHLIN, C. E. y SUINA, J. H. *El Ambiente de aprendizaje: Diseño y Organización*, Ed. Morata, Madrid, 2002.

MACÍA D. *Hide and Seek, Ignorant Walking*. 2009. Disponible en: https://www.flickr.com/photos/iwalking/3834366452/in/faves-132575075@N05/. Acceso en: 14 jul. 2021.

MALAGUZZI L. *L'occhio se salta il muro: una experiencia de educación infantil*. Exposición y catálogo en Centro Cultural de la Villa de Madrid (del 28 de febrero al 22 de marzo). Comune di Reggio Emilia – Reggione Emilia Romana – Comunidad de Madrid – Consejería de Educación y Juventud, MEC, Madrid, 1987.

MARIOTTI M. *Animanos* – Editorial Susaeta, Madrid, 1991a.

MARIOTTI M. *Más animanos*, Editorial Susaeta, Madrid, 1991b.

MARIOTTI M. *Humanos*, Editorial Susaeta, Madrid, 1991c.

MASÉS M. y DE MOLINA M. *De las intenciones a la práctica* – Cuadernos de Pedagogía n. 243, 1996.

MARULANDA MEJÍA T. *De los fenómenos de sincronicidad y las simetrías fundamentales* – Articulo de la revista Cultura y Droga, año 13, n. 15, Universidad de Caldas, Colombia, 2008.

MUNARI B. *Il laboratorio per bambini a Brera: progetto e metodo del primo laboratorio per bambini alla Pinacoteca di Brera a Milano*, Zanichelli, Bolonia, 1981.

PEAT, D. F. *Sincronicidad*. Barcelona: Kairós, 1987.

PORLÁN R. y MARTÍN J. *El diario del profesor. Un recurso para la investigación en el aula*. Ed. Díada, 1991, Sevilla.

KOOLHASS, R. *Espacio basura*. Gustavo Gili, Madrid, 2007.

RITSCHER P. *El Jardín de los Secretos*. Octaedro, Rosa Sensat, Barcelona, 2006.

RITSCHER P. *Elogio de la lentitud… en la escuela* – Infancia en Europa, El tiempo de la Infancia, v. 13.25, Rosa Sensat, Barcelona, 2014.

RITSCHER P. ¿Qué haremos cuando seamos pequeños? – Octaedro – Rosa Sensat, Barcelona, 2002.

RÓDENAS M. *De la ciudad no reglada a la ciudad emocional*, Universidad de Alicante, 2012.

TONNUCI F. *L'Occhio se salta il muro, una experiencia de educación Infantil*. Exposición y catálogo en Centro Cultural de la Villa de Madrid (del 28 de febrero al 22 de marzo). Comune di Reggio Emilia – Reggione Emilia Romana – Comunidad de Madrid – Consejería de Educación y Juventud, MEC, Madrid, 1987.

TRUEBA MARCANO B.; VELEZ, R.; PEREZ E. y BARRAGAN S. *Guía Documental y de Recursos*, MEC (cajas Rojas), Madrid, 1992.

TRUEBA MARCANO B. *Guía para el análisis y evaluación de los espacios escolares*. Infancia: Educar de 0 a 6 años, n. 166, Barcelona, 2017.

TRUEBA MARCANO B. *Talleres Integrales en Educación Infantil*, Ediciones de la Torre, Madrid, 1989.

VALLEJO A. *Material de desecho* – Cuadernos de Pedagogía, n. 119, Barcelona, 1984.

VALVERDE S. G. *Ambientes: Escola Congrés-Indians, Miradas y Polaroids*, 6 mayo 2014. Disponible en: https://miradasypolaroids.blogspot.com/2014/05/ambientes-escola-congres-indians.html. Acceso en: 14 jul. 2021.

VALVERDE S. G. *Atelier, Miradas y Polaroids*, 24 nov. 2013a. Disponible en: https://miradasypolaroids.blogspot.com/search?updated-max=2013-11-27T19:59:00%2B01:00. Acceso en: 14 jul. 2021.

VALVERDE S. G. *La ética y la estética en la escuela, Miradas y Polaroids*, 17 nov. 2013b. Disponible en: https://miradasypolaroids.blogspot.com/2013/11/reunion-de-familias-el-fin-de-este-blog.html. Acceso en: 14 jul. 2021.

VECCHI V. Prólogo al libro de Hoyuelos A. *La Estética en el pensamiento y obra de Loris Malaguzzi*, Octaedro, Rosa Sensat, 2006.

VYGOTSKY, L.S. *Aprendizaje y desarrollo intelectual en la edad escolar*. Revista Infancia y Aprendizaje, 27-28, 1984.

VITALI, B. *Si hay tiempo para jugar… los maestros deben saber esperar*, Infancia en Europa, El tiempo de la Infancia, v. 13.25, Rosa Sensat, Barcelona, 2014.

Apêndices: propostas de trabalho prático

A – Questionário sobre paradigmas

Entre as quatro opções, assinalar APENAS UMA, a que você considera que coincide com o que você pensa.

1) Do seu ponto de vista, meninos e meninas são:

a) Sujeitos perceptivos. Devem aprender a se moldar às normas e às opiniões ensinadas pelos adultos.

b) São como um "copo" a ser preenchido de conhecimentos e de regras. Quando chega à escola, são uma "tábula rasa". Ainda sabem muito poucas coisas. Precisam aprender tudo.

c) Seres autônomos e livres. Portadores, em si próprios, de capacidades que se desenvolvem mesmo com escassa participação do adulto. Têm um interesse natural por aprender, que cresce de forma espontânea.

d) Sujeito inteligente com identidade própria e potencialidade que se desenvolve em interação com os demais e com uma diversidade de oportunidades de aprendizagem.

2) Quais objetivos deve ter a escola?

a) Algo cuidadosamente estruturado, que não precisa ser questionado. Basicamente, os objetivos devem ser instrutivos e conceituais.

b) É preciso que estejam fechados e bem definidos no momento de programar. Devem ser conceituais e, também, procedimentais nas habilidades.

c) Devem se relacionar com os grandes objetivos da educação. Devem ser, sobretudo, procedimentais. Os valores e as atitudes são importantes, mas é difícil programá-los na prática.
d) Não acredito em objetivos fechados, mas, sim nas intenções educativas, definidas com base na observação e na escuta das ações das crianças. Nos projetos de trabalho, definem-se objetivos operativos, concretos e práticos, com base nos interesses, nas perguntas e nas ideias prévias das crianças, além dos meus como professor(a). Procedimentos, conceitos e valores são importantes como um todo integrado, e não separado.

3) Qual sua opinião sobre os materiais curriculares?

a) Basicamente, centralizam-se em cartilhas e cadernos de caligrafia, de colorir etc.
b) Utilizo, sobretudo, cartões editoriais selecionados por seu colorido atrativo para as crianças, por suas propostas de leitura e de escrita, pelos centros de interesse, por sua dificuldade etc.
c) É melhor não usar cartões comercializados, mas, sim, aqueles que a própria professora elabora ou fotocopia, criando-os de acordo com as suas necessidades e com a programação. Às vezes, podem ser improvisados de forma rápida, no impulso do momento.
d) Não utilizo materiais curriculares regulares, nem cartões, cadernos etc. Para mim, os recursos devem ter um sentido amplo. O melhor é que sejam diversos: livros, vídeos, álbuns, recursos humanos... E que sejam contribuição de toda a comunidade educativa.

4) Como você distribui os espaços da sala?

a) Mesas e cadeiras alinhadas ou agrupadas. Atenção centralizada em torno da lousa e da mesa do(a) professor(a).
b) Mesas de um lado da sala e tapete do outro lado. Móveis ao redor com jogos, em geral, empilhados e pouco acessíveis às crianças.

c) Ambientação "casual": em algumas ocasiões, mesas/cadeiras por equipes, mas também cantos em outras ocasiões. Nem todos os espaços estão completamente definidos.
d) Habitualmente, a aula está estruturada em torno de áreas ou de ambientes. Transformam-se e adaptam-se em razão dos projetos em andamento. Tenta-se aproveitar todo o espaço com intenção educativa; não apenas a sala, mas também a escola em sua totalidade: anexos, corredores, escadas, entrada e espaços exteriores. Além disso, organizam-se oficinas, salas abertas com outros(as) colegas, encontros entre os grupos etc.

5) Que concepção você tem da aprendizagem?

a) Baseia-se na atenção e na retenção. É um fato homogêneo para todos, por isso, podem assentar-se alguns princípios iguais para todos.
b) É um processo sequenciado e cumulativo. Aprende-se antes o fácil, depois, o complicado; por isso, deve-se ensinar aumentando progressivamente a dificuldade. Quando uma criança sabe algo é porque isso lhe foi previamente ensinado.
c) É consequência direta da ação. Se deixarmos que as crianças interajam com muitos materiais e realizem muitas atividades, aprenderão por si próprias, sem dificuldade e sem a intervenção adulta. Produz-se em ambientes de aparente desordem, mas de grande criatividade.
d) A aprendizagem se produz com base na curiosidade, no interesse, na imitação e na experimentação, por assimilação e adaptação. Aprende-se sozinho e em companhia, arriscando, ensaiando e dispondo de tempos longos e tranquilos. Todas as capacidades entram em jogo. As crianças já sabem muitas coisas por si próprias, e a aprendizagem se dá em todo lugar, não apenas na escola.

6) Em relação às brincadeiras e ao trabalho, o que você pensa?

a) O importante é que se deve ir à escola para aprender. Para jogar e brincar, as crianças têm muito tempo fora da sala: no recreio, em sua casa...

b) É importante saber diferenciar quando se está brincando e quando se está trabalhando. Assim, as crianças aprendem a ordenar seu tempo e a ter algumas normas, a terminar o trabalho etc.
c) O importante é aprender brincando, assim, as crianças não se veem submetidas a esforços e traumas desnecessários. Às vezes, é inevitável ter que dedicar tempo ao trabalho, porque há coisas que, caso contrário, não seriam aprendidas, mas se procura que esses tempos sejam curtos.
d) A brincadeira espontânea é vista como um elemento de máxima importância no desenvolvimento e deve ser respeitada e potencializada. Requer programar tempos longos e que o adulto respeite livremente, sem interferir e sem procurar objetivos escolares. Com base na observação das brincadeiras, podem ser enriquecidas novas propostas. Não se separa a brincadeira do trabalho. Se a uma criança interessa aprender algo, pode ficar muito tempo intensamente centrada naquilo, sem se cansar, embora isso demande um esforço. Quando há verdadeira curiosidade, não importa o esforço requerido.

7) Para você, o que significa globalizar?

a) Um conceito pouco importante. Não o levo em conta quando faço planejamentos. O fundamental é oferecer os conhecimentos em pequenas porções. Assim, pouco a pouco, soma-se o que foi aprendido.
b) Trata-se de colocar os conhecimentos em torno de um centro de interesse. Assim, as crianças aprendem mais motivadas. O tema é como uma desculpa para introduzir conteúdos. Não é preciso programar atividades, pois elas já vêm dadas pelas editoras, que oferecem os cartões em relação a um centro de interesse.
c) Gira em torno de centros de interesse, não os trazidos por nenhuma editora, mas, sim, os programados pelo(a) professor(a) ou pela equipe de Educação Infantil no começo do ano letivo. Às vezes, há temas que surgem das crianças, mas, então, é algo mais

improvisado, já que é muito difícil programar temas em cima da hora. Nesse caso, alterno com o já programado.

d) Não gira em torno de um tema nem de um tópico. É algo que se dá internamente em todo o processo de aprendizagem. O importante é encontrar relações naturais entre os distintos conhecimentos para conseguir transferi-los a outras situações. Quando se investiga um projeto de estudo com base no interesse das crianças, as aprendizagens se relacionam, integrando-se de forma natural ao interesse investigador.

8) Como são as atividades que você desenvolve na sala?

a) Homogêneas (todos fazem a mesma coisa ao mesmo tempo): explicações em grande grupo e, depois, trabalho individual.
b) Homogêneas: explicações em grande grupo, trabalho individual e atividades comandadas pelo(a) professor(a) em equipes. Às vezes, quando acabam a tarefa, atividades individuais de brincadeira livre.
c) Combinam-se as atividades homogêneas (todos fazem a mesma coisa ao mesmo tempo, seja em grande grupo, seja de forma individual) com outras atividades descentralizadas, mas estas últimas surgem de modo improvisado, não costumo programá-las detalhadamente.
d) Valorizo, em especial, as atividades descentralizadas e diversas: as atividades em grande grupo; a aprendizagem em pequenos grupos (entre pares ou com o(a) professor(a); as atividades individuais. De tipos diferentes: de expressão corporal, de investigação, de experimentação, teatrais, artísticas...

9) Qual sua opinião sobre a autonomia?

a) Não é tão importante nas primeiras idades como o é quando são mais velhos. As crianças pequenas ainda não sabem o que lhes convêm. Nos primeiros anos, é mais importante que as crianças aprendam a obedecer e a seguir as indicações dos adultos, que são quem têm experiência e podem servir de guia.

b) Nessas idades, é algo importante, sobretudo em aspectos de habilidades que lhes sirvam para fazerem coisas por si próprias: lavar as mãos, abotoar os botões, ir ao banheiro, amarrar os cadarços... Além disso, se elas fazem essas coisas sozinhas, o(a) professor(a) não perde tempo e pode se concentrar nas tarefas de ensino que, definitivamente, são as mais importantes.
c) Certamente, é um dos primeiros objetivos da Educação Infantil. Deve ocorrer tanto em aspectos de ordem física (abotoar-se, alimentar-se, descer escadas, lavar-se...), quanto, também importante, em outros aspectos, por exemplo a capacidade de decidir por si próprio, de opinar etc., mas isso é muito difícil de programar, pois é algo que se vai aprendendo sozinho, com o tempo.
d) É um aspecto fundamental e prioritário. Não apenas deve ocorrer em aspectos físicos, mas também em intelectuais (tomada de decisões) e éticos (normas de comportamento e de relação com os demais). Incorporam-se à vida diária da escola de um modo natural e intencional, não de uma forma separada, mas integrada naturalmente em qualquer situação cotidiana.

10) Quanto ao trabalho em equipe, o que você pensa?

a) Não me interessa. Muitas vezes, chama-se "trabalhar em equipe" quando se copia as ideias de outros ou se perde tempo sem chegar a nenhuma conclusão. Além disso, eu prefiro seguir meus próprios critérios.
b) Para mim, trabalhar em equipe é entrar em acordo sobre utilizar os mesmos livros de cartões, a mesma programação, os mesmos tempos etc. Tentamos seguir os livros no mesmo ritmo. Inclusive, fazermos juntos(as) as reuniões com as famílias, as festas, as excursões etc.
c) Para mim, a equipe é importante. Programamos todos(as) juntos(as), no começo do ano letivo, tentando respeitar os mesmos centros de interesse, preparamos os mesmos cartões, fazemos reuniões etc. Às vezes, falamos de temas mais gerais, como do sentido da educação,

de valores, das metodologias inovadoras etc. No entanto, outras vezes, o tempo se escapa em relatos, por isso, tentamos programar, sobretudo, as atividades concretas, para não nos perdermos em filosofias.

d) Para mim, trabalhar em equipe não significa todo mundo fazer a mesma coisa. É, acima de tudo, compartilhar critérios sobre a organização dos espaços, como recolher as ideias e os interesses dos meninos e das meninas, elaborar materiais, fazer pautas de avaliação, instrumentos de registro e de observação, estudarmos juntos(as) aspectos teóricos, investigar...

11) Como você entende o papel do professor ou da professora?

a) É cumprir sua missão o melhor possível, fazendo as crianças aprenderem os conceitos básicos e que seu comportamento seja correto, educado e saibam respeitar os adultos.

b) É o eixo da sala. Deve ser um(a) protagonista e uma referência para as crianças. Ensina por meio da transmissão oral. É o(a) encarregado(a) de fazer as crianças se sentirem motivadas, de atraí-las para a aprendizagem; é o(a) que sequencia e programa o que se deve e o que não se deve aprender etc. É quem controla o processo de ensino-aprendizagem.

c) Acima de tudo, deve saber escutar às crianças. Não deve impor seus critérios, nem forçar a aprendizagem, mas, sim, respeitar os ritmos de todos, incentivando a espontaneidade e a liberdade. Às vezes, é melhor agir com passividade do que agir de forma errada.

d) A função do(a) professor(a) é múltipla: planificar o ambiente, observar, recolher opiniões e interesses das crianças, propor atividades, enriquecer propostas, provocar desafios... Sobretudo, é ser um(a) interlocutor(a). Seu papel fundamental não é transmitir conhecimentos. É, na verdade, um(a) catalisador(a) de interesses, uma referência de comportamento, um(a) intermediário(a). Educar é algo que vai além de ensinar; é levar em conta as próprias decisões e as opiniões e os interesses das crianças. O(a) professor(a) é um(a) investigador(a) da prática.

12) O que você pensa sobre a participação das famílias?

a) Acredito que é importante que as famílias estejam informadas dos progressos de seus filhos. Os contatos com pais e mães em outros aspectos que não sejam os informativos podem causar problemas. É melhor que cada um (pais e professores) saiba qual é o seu lugar.
b) Informo, nas reuniões trimestrais, acerca do andamento da turma e de como vão as crianças. Considero bom que as famílias colaborem em algumas atividades, como em excursões, para confeccionar material para a aula e em outras coisas nas quais pode ser útil sua colaboração.
c) Considero que é fundamental informar as famílias e que elas colaborem com a escola em todo o possível: excursões, oficinas, reuniões, elaboração de materiais, visitas à turma... Além disso, gosto de acompanhar as opiniões das famílias em relação à metodologia para a turma e a outros aspectos do currículo.
d) Família e escola são os pilares fundamentais da comunidade educativa. Deve-se garantir um diálogo permanente e fluido com as famílias. Escutar inquietações sobre seus filhos, compartilhar os percursos educativos, ouvir opiniões e dúvidas, dialogar para levá-las em consideração e tomar decisões profissionais coerentes. Acolher, criar vínculos e dar resposta à diversidade cultural de cada família. É preciso ir mais longe do que a mera ideia de informar ou de colaborar. Trata-se, sobretudo, de dialogar e de estabelecer canais para a comunicação, a acolhida e a participação.

13) Qual sua opinião sobre a avaliação?

a) Considero fundamental para conhecer os progressos dos alunos. Se o produto for bom, isso quer dizer que adquiriram o necessário.
b) Por meio da avaliação, comprovo o quanto as crianças avançam. Os cartões servem para avaliar suas habilidades (recortar, colorir, escrever...), e perguntando-lhes, uma a uma, vejo o quanto avançam em leitura, em conceitos etc.

c) Considero importantes os avanços das crianças e minha intenção é comprovar isso. Entretanto, torna-se difícil avaliar o processo de aprendizagem, por isso, sinto-me mais seguro(a) avaliando também o produto do aprendizado. Também gostamos de avaliar a trajetória da equipe e as programações, mas não o fazemos de forma regular nem sistemática.
d) Não se trata de avaliar as crianças, mas, sim, os processos de aprendizagem. Para mim, a avaliação começa no início de um processo, passa por seu desenvolvimento e vai até o final. Valorizo a documentação visual dos processos e dos registros. Utilizo instrumentos diferentes para cada momento. Também a equipe faz uma autoavaliação sistemática e uma avaliação dos instrumentos utilizados. É um processo vivo e circular: observar, planificar, comprovar e voltar a observar para introduzir mudanças.

B – Transformar cenários

É uma proposta para equipes de educadores que desejam realizar mudanças em determinados espaços da sala e em ambientes comuns. É oferecido um plano de ação com base na investigação sobre a prática, cuja finalidade é intervir e melhorar a realidade.

Como projetar/transformar um espaço? (investigação-ação)

É claro que a análise do entorno, de características e possibilidades, das relações que pode promover, das experiências e dos encontros etc. é um processo contínuo na ocupação do educador. Por esse motivo, propomos, a seguir, alguns passos que possam facilitar esse processo.

1) *Observação* minuciosa para detectar e ler os aspectos de melhoria, respondendo aos seguintes questionamentos:

- Protagonistas: Quem usa/quem vai usar? Valorizar suas necessidades, interesses etc. Por exemplo, é preciso colocar na altura das crianças.

- Objetivos: Para que se usa/para que será usado? Determinar os objetivos a que me proponho/nos propomos; é imprescindível estabelecê-los globalmente. Quais atividades propicia? Quais inibe?...
- Relação desse espaço concreto com os outros: Quais outros espaços há ao lado? É um espaço de uso coletivo?

2) *Recursos*

- De quais recursos dispõe? Quais podemos incorporar?

3) *Documentação*: chuva de ideias e procura de documentação e de ajuda.

4) *Planificação*: concretizar uma primeira hipótese de melhoria. Definir o plano de ação.

- Temporalização do plano de ação: calendário de ações em curto, médio e longo prazos.
- Estabelecer prioridades.
- Concretizar a aquisição dos recursos, valorizar as possíveis melhorias e a tomada de decisões. Estabelecer as previsões de *feedback* (ação-observação-ação).

5) *Execução prática* e registro do processo.

6) *Avaliação* (com a finalidade de intervir novamente, incorporando melhorias).

7) *Nova observação* (o processo continua em espiral).

C – Entorno e comportamentos: projetar espaços que sussurrem ao ouvido

Esta proposta é para equipes que desejem analisar os problemas que existam na sala, procurando soluções, introduzindo mudanças no projeto do cenário escolar. Ela tem base na quantidade de mensagens silenciosas que subjazem ao ambiente sem que, em alguns momentos, sejamos conscientes disso.

É imprescindível o estabelecimento e a planificação de uma estrutura, para que haja menos conflitos. De início, deverão ser previstos os possíveis conflitos que possam surgir pela utilização de espaços, já que alguns deles, como os de tipo manipulativo, devem-se a frustrações por não conseguir um objeto desejado, pela separação de uma pessoa ou de um objeto, pela apropriação por outros de um espaço ou de um brinquedo etc.

Proposta de trabalho

Ter como referência o quadro *Organização ambiental: alguns problemas, algumas soluções*, que se oferece a seguir. Nele, à esquerda, constam alguns problemas e, no lado direito, está em branco.

Primeiro, individualmente, e, depois, em equipe, deverão ser assinalados aqueles problemas que existam em sua turma/escola. À direita, deverão ser escritas soluções simples do projeto do ambiente, que podem ser introduzidas para resolver o problema. É importante tentar ser criativo no momento de responder, imaginando soluções novas e tentando fugir de estereótipos.

Depois que o processo foi realizado, podem ser comparadas as soluções oferecidas como possíveis (não são as únicas) na segunda parte do documento.

Nas páginas em que ambas colunas estiverem em branco, o intuito é escrever problemas que não estejam contemplados, com a finalidade de seguir o processo descrito anteriormente.

Uma vez introduzidas as possíveis soluções, deve-se observar e avaliar por escrito se o problema melhorou ou desapareceu, para realizar as mudanças oportunas e continuar com a observação.

Organização ambiental: alguns problemas, algumas soluções

Alguns problemas	Algumas soluções
Sempre caem muitas coisas no chão quando as crianças tentam pegá-las de armários e de estantes.	
Os materiais caem no chão com frequência quando as crianças são conduzidas de um lado da sala ao outro.	

Continua

Continuação

As crianças se esbarram muitas vezes.	
Ocorrem muitas aglomerações em determinados lugares e momentos.	
Os materiais ficam desorganizados e espalhados com frequência.	
Estragam-se os cantos dos livros, e estes ficam fora de ordem com facilidade.	
Quebram-se as caixas de jogos e de brinquedos, e muitas peças se perdem.	
Perde-se o interesse pelo material depois de pouco tempo.	
Barulhos e pancadas são produzidos com frequência.	
A sala fica muito suja.	
As crianças sobem e descem as escadas correndo (caem, gritam, tropeçam etc.).	
As crianças pedem materiais à professora com frequência.	
As crianças prestam atenção apenas à informação visual que há nas paredes.	
Ao entrar na sala, comportam-se de forma muito barulhenta e desorganizada (pulam no tapete, não escutam etc.).	
As crianças, com frequência, deixam os jogos começados pela metade, sem terminá-los.	

Continua

Continuação

Torna-se difícil a recolhida de materiais ao finalizar brincadeiras e atividades.	
Meninos e meninas, com frequência, mostram-se nervosos, muito ativos, gritam ao conversar etc.	

Organização ambiental: alguns problemas, algumas soluções

Alguns problemas	Algumas soluções
Sempre caem muitas coisas no chão quando as crianças tentam pegá-las de armários e de estantes.	• Não empilhar materiais. • Tornar acessível o material (descê-los da estante).
Os materiais caem no chão com frequência quando as crianças são conduzidas de um lado da sala ao outro.	• Colocar bandejas e caixas com bordas altas. • Evitar que as bandejas fiquem muito cheias. • Agrupar materiais por áreas.
As crianças se esbarram muitas vezes.	• Dispor claramente as vias de circulação pela sala. • Colocar os materiais nas áreas em que serão usados.

Continua

Continuação

Ocorrem muitas aglomerações em determinados lugares e momentos.	• Descentralizar os materiais de uso frequente. • Descentralizar as atividades por áreas ou cantos.
Os materiais ficam desorganizados e espalhados com frequência.	• Ordem visual: · Respeitar espaços vazios. · Delimitar os espaços para cada material. · Designar um lugar a cada coisa. · Colocar cartazes. • Alternar os materiais por temporadas.
Estragam-se os cantos dos livros, e estes ficam fora de ordem com facilidade.	• Não colocar muitos livros (alternar por temporadas). • Colocar os livros de frente, e não de lado.
• Quebram-se as caixas de jogos e de brinquedos, e muitas peças se perdem. • As crianças, com frequência, deixam os jogos começados pela metade, sem terminá-los.	• Evitar a uniformidade de caixas e de recipientes: · Tirar os jogos e os brinquedos de suas caixas comerciais. · Utilizar recipientes diferentes e/ou transparentes. • Apresentar os jogos e os brinquedos para o grupo antes de guardá-los nas estantes.
Perde-se o interesse pelo material depois de pouco tempo.	• Alternar os materiais. • Reunir os materiais entre si de formas novas. • Agregar complexidade às propostas.
Barulhos e pancadas são produzidos com frequência.	• Separar as áreas tranquilas das barulhentas. • Colocar tapetes de ioga para utilizar em atividades que façam barulho. • Diminuir o pé-direito com materiais simples (tecido, papel etc.).
A sala fica muito suja.	• Delimitar as "áreas sujas" das "áreas limpas". • Colocar materiais acessíveis para recolher e limpar.
As crianças sobem e descem as escadas correndo (caem, gritam, tropeçam etc.).	• Situar elementos visuais e táteis ao alcance da vista e das mãos, nas escadas, e trocá-los de vez em quando.
As crianças pedem materiais à professora com frequência.	• Tornar acessíveis e visíveis os materiais aos olhos e às mãos.

Continua

Continuação

As crianças prestam atenção apenas à informação visual que há nas paredes.	• Descer cartazes, desenhos, avisos etc. à altura dos olhos das crianças. • A informação visual deve ter relação e sentido com o espaço em que se situa. • Fazer trocas frequentes das informações visuais e comentá-las.
Ao entrar na sala, comportam-se de forma muito barulhenta e desorganizada (pulam no tapete, não escutam etc.).	• Delimitar com um móvel a área de entrada da sala. • Evitar a entrada "direta" à área em que há tapete.
Torna-se difícil a recolhida de materiais ao finalizar brincadeiras e atividades.	• Criar normas claras entre todos e colocá-las em um cartaz à vista. • Ter um lugar para cada coisa, com cartazes visíveis. • Dispor materiais de armazenamento e de limpeza ao alcance das crianças.
Meninos e meninas com frequência se mostram nervosos, muito ativos, gritam ao falar etc.	• Reduzir o excesso de estímulos visuais. • Criar um canto tranquilo no qual se possa ler, ver imagens, descansar... • Ter um quadro de horários ajustado e deixá-lo ao alcance de todos.

D – Guia para a análise e a avaliação dos espaços escolares

Oferece-se um guia-proposta de critérios de análise do espaço, em torno de alguns eixos de intervenção sugeridos neste livro: Habitabilidade; Significatividade; Estética; Identidade; Autonomia; Comunicação; Diversidade; e Complexidade.

O uso do guia é proposto como um *percurso para a inspiração e a reflexão*, subjetivo, adaptável e com capacidade de transformação em diferentes contextos e realidades, cujo intuito é abrir sugestões e estimular a planificação intencional dos ambientes educativos.

Não se apresenta como um elemento exaustivo para a revisão do cenário escolar, nem como uma referência de ordem quantitativa ou cumulativa. Tampouco se trata de um receituário, nem de um caminho fechado, mas, sim, do ponto de partida para criar itinerários personalizados.

Como *sugestão de uso* desta proposta aberta, cada seção ou ponto pode ser exposto de modo interrogativo: "Há... em minha escola?" ou "A que este aspecto me inspira?" ou "Como poderia incorporar isso em minha realidade?".

Pode ser feito como um quadro em duas colunas: REALIDADE ATUAL / EXPECTATIVAS.

Conecta-se com aspectos muito concretos, muito tangíveis, mas sempre *sustentados por uma ideologia educativa* determinada, não neutra, de paradigma interativo, enraizada, em alguns eixos que lhe atribuem sentido em cada um de seus elementos.

Habitabilidade

- Semelhança ao lar.
- Espaços aconchegantes.
- Materiais do lar (estabelecimento de laços).
- Materiais naturais (vime, madeira, tecido etc.).
- Espaços para o bem-estar, a calma, a intimidade.
- Espaços na medida das crianças.

- Alturas diferentes no projeto de espaços.
- Lugares interessantes.
- Colorido predominante natural, não chamativo.
- Pés-direitos baixos (tecidos, cabanas, áreas afastadas e protegidas).
- Escola emocional: espaços pensados para que proponham experiências emocionais e plenas de sentido, de tempos amplos, lentos, calmos, sem pressa, para a lembrança emotiva.

Significatividade

- Espaços prévios: interligados aos espaços conhecidos pelas crianças.
- Interesses prévios: interligados aos interesses da infância.
- Espaços-proposta provocadores para criar novas conexões e conhecimentos.

Estética

- Cenários com intenção estética, de beleza, afastados da clássica iconografia escolar clichê.
- Elementos estéticos e de arte em objetos, escultura e imagens em geral.
- Ambientes para exposição.
- A arte na escola como provocação: em presença contemplativa para o deleite, em provocação estética para o jogo e o pensamento criativo, em proposta de ação e em exposição da obra artística das criações infantis.
- Equilíbrio entre o cheio e o vazio.
- Ordem e harmonia.
- Iluminação indireta.
- Propostas: luz, penumbra, reflexo e sombra.
- Evitar o uso de imagens estereotipadas, de clichês sobre a infância (desenhos animados, cartões escolares, imagens clonadas, empobrecidas, antiestéticas, de comercialização em massa, simplistas, fechadas, esquemáticas, planas, cores primárias, imagens sem critérios de seleção: casinha em triângulo, urso, palhaço, nuvens

padronizadas, sol de palitos de sorvete, flores iguais, pássaros em forma de "V" etc.).
- Imagens e suportes de conteúdo e de qualidade.
- Critérios intencionais e não casuais na seleção de imagens e materiais.
- Propostas-intervenção: provocações.

Identidade

Apresentação da escola (Entrada – apresentação e referência):

- Algo sobre a escola: painel da filosofia educativa.
- Algo sobre nós: painel da equipe educativa e dos grupos (fotografias).
- Algo das crianças: arte infantil (cultura da infância).
- Algo sobre as crianças: painel de processos.
- Algo para as crianças: jogos e propostas.
- Algo para todos: mobiliário para a espera e o encontro (famílias e comunidade educativa).

Apresentação das pessoas:

- Símbolos e identidade de grupo.
- Instalação artística como símbolo de grupo.
- Identidade de grupos e de amigos.
- Identidade individual (fotografias, retratos, símbolos em objetos pessoais).
- Identidade emocional (presença do privado: caixas pessoais, caixa dos tesouros, dos gostos e das preferências, espaços que representem o diferente de cada um, o lar e as características diferenciadoras).
- Alteridade: ser outro – as fantasias, o teatro, os fantoches e as marionetes.
- Identidade de cada espaço: materiais, imagens e âmbitos definidores da identidade de cada área e espaço.

Apresentação dos espaços:

- Espaços coletivos de especial significado e conteúdo identitário:
  - Refeitório.
  - Banheiros.

  - Entornos para o jogo simbólico.
  - Ateliê de Arte e criação artística.
- Espaços externos.
- Espaços para os adultos.

Apresentação dos tempos:

- Cotidiano (rodas do tempo, painéis sequenciais, relógio de sol, calendários etc.)
- Extraordinário (acontecimentos, celebrações, visitas, conferências, concertos etc.)
- Os processos:
  - "o antes" (a expectativa, calendário).
  - "o agora" (memória do que se vive).
  - "o depois" (recriação, memória e deleite do vivido: ordenar fotografias, fazer histórias em quadrinhos etc.).

Autonomia

- Acesso a materiais: ao alcance das mãos.
- Visibilidade de materiais: ao alcance dos olhos.
- Alternância de materiais: guardar e reaparecer.
- Autogestão dos acessos pelas crianças.
- Embalagens diferenciadas.
- Acessos claros e bem definidos.
- Frontalidade.
- Transparência.
- Delimitação e fronteiras.
- Transportabilidade.
- Acesso às atividades autônomas sem a presença do adulto (caixas, tato, livros memoriais, canções e folclore, tapetes, jogos motores, criação artística etc.).
- Participação nas ações da vida cotidiana (pôr a mesa, tirá-la, limpá-la etc.) e sua representação.
- Normas criadas no grupo e representadas visualmente.
- Critérios éticos de grupo: expressão das normas éticas coletivas.

Comunicação

- Interpessoais:
  - Encontros com o adulto.
  - Espaço de reuniões.
  - Entre as crianças.
  - Espaços tranquilos.
  - Com as famílias.
  - Para a equipe.
- Visuais:
  - Osmose entre cenários: escola transparente.
  - Painéis que separam e conectam, que isolam e comunicam.
  - Provocações e propostas de ação visuais e não verbais.
- Painéis de documentação (narradores de processos, memória da comunidade):
  - Para as crianças.
  - Para as famílias e a comunidade educativa.
- Estruturas, jogos e mobiliário comunicativos:
  - Caixa de mensagens.
  - Telefone entre espaços.
  - Painéis semitransparentes.
  - Móveis comunicadores: mesas redondas [camilhas]; a importância da cadeira do adulto (de balanço, poltronas como elemento de proximidade entre adultos e crianças etc.).
- Pontes entre família e escola: *O livro viajante*.
- A correspondência escolar: a escola fora da escola (Freinet).

Diversidade

- A escola são todos os seus espaços (não apenas as salas).
- Utilização da totalidade: patamares, corredores, escadas e embaixo delas, áreas comuns, espaços externos, entrada, saguão, áreas centrais (praça).

- Diversidade diante da homogeneidade: respostas diversas, propostas abertas ante produtos homogêneos e fechados, como os cartões escolares e as imagens padronizadas, a produção copiada.

Em imagens e em oferta visual:

- Fotografias dos protagonistas.
- Criações artísticas de meninos e meninas expostas de forma bonita.
- Imagens do mundo da Arte.
- Imagens de diferentes culturas.
- Imagens da natureza.
- Ilustrações.
- Macrofotografia.
- Imagens alteradas ou perspectivas incomuns etc.

Em materiais abertos em relação a fechados:

- Argila.
- Caixas.
- Pedras.
- Conchas.
- Gravetos e ramos.
- Folhas.
- Parafusos.
- Blocos.
- Lã.
- Corda.
- Botões.
- Papel.
- Bolas de gude etc.

Na procedência:

- Lar.
- Entorno próximo.
- Comércios.

- Natureza.
- Reciclados.
- Documentais.
- Realizados na comunidade educativa.

No uso diverso do plano:

- Chão (propostas de jogos, brincadeiras e imagens no chão; planos inclinados, texturizados).
- Tetos (espelhos no teto; móbiles; tecidos; intervenções sugestivas para olhar).
- Paredes e muros (texturas; transparências; espelhos; cristais etc.).

No uso diferente e flexível do mobiliário:

- Usos múltiplos, móveis para diferentes situações.
- Epigênese: espaços e mobiliário transformáveis para e pelas crianças.
- Customização, transformação e adaptação de mobiliário antigo, inadequado ou em desuso para adaptá-lo a necessidades novas (mudanças de uso, de forma e de cor).

Na oferta diversa para as 100 linguagens expressivas:

- Artística.
- Gestual e corporal.
- Motriz.
- Linguística.
- Sensorial.
- Emocional etc.

Complexidade

Elementos que potencializem a complexidade.

Espelhos:

- Pirâmide.
- Deformantes.

- Biombos.
- Mesa espelhada.
- Tinta-espelho.
- Caleidoscópio.
- Periscópio.

Labirinto e espiral:

- Caminhos.
- Instalações.
- Estruturas.
- Jogos de tabuleiro.
- Mandalas.
- *Land Art* (arte da natureza).

Luz e sombra:

- Mesa de luz.
- Luz e sombra no lado de fora.
- Luz e sombra no lado de dentro.
- Luz e cor.
- Transparências.
- Sombras nos muros, nas paredes, no chão e no teto.
- Teatro de sombras.

Os sentidos:

- Tato.
- Aromas.
- Sons.
- Sinestesias.
- Alteração e transação:
  - Imagens e jogos visuais.
  - Objetos em funções incomuns.
  - Brincadeiras de colagem.
  - Livros e jogos de rostos e corpos de papel recortado.

- Brinquedos criados com objetos reutilizados.
- Imagens e livros *pop-up*.
- Imagens que fazem pensar.
- Perspectivas inusitadas, surrealistas.
- Fotografias macroscópicas.
- Ilusões ópticas.
- Jogos e brincadeiras de dimensão alterada.
- Fotografias feitas por crianças.

Espaços externos: o jardim dos sentidos

1) Atividade motora.

Correr, escalar, arrastar-se, arremessar, pular, rodar etc. Exploração e descoberta:

- Caminhos.
- Catapultas.
- Escadas.[1]
- Pontes.
- Cabanas.
- Estruturas.
- Túneis.
- Balanços.
- Obstáculos.
- Chão com diferentes texturas: grama, pedras, cimento, terra etc.

2) Brincadeiras de fantasia: inventar, imaginar, simbolizar.

- Jogo simbólico e estruturas metafóricas:
  - Espirais de pedra, labirintos, quadrados etc.
  - Casas na árvore.
  - Barcos.
  - Caminhões de brinquedo etc.
- Materiais abertos: barro, água, pedras, caixas, tecidos, ramos, folhas etc.

[1] N. da T.: no original, "*escala*", especificamente uma escada de madeira, em geral, de mão.

3) Experiências na natureza: plantar, regar, descobrir, experimentar, cheirar, olhar, sentir.

- A água, as poças, as bolhas, os elementos flutuantes.
- O ar, o vento, os móbiles; soprar sementes e lanternas; as pipas, as birutas.
- Os bichos, os terrários, os aquários.
- A horta, as flores, as plantas aromáticas, as frutas.
- O barro, a terra, os sentidos, o frio e o calor, o sol, a chuva, as atividades internas levadas ao lado externo.
- A observação, os micromundos: lupas, prismas, *field recording*.[2]

4) Brincadeiras tradicionais e com regras: fonte de complexidade e de conhecimento.

- Amarelinha.
- Brincadeira de roda.
- Jogo do osso ou da tava.
- Jogo do sapo ou da rã.
- Pipa.
- Elástico.
- Pião.
- Diabolô.[3]
- Pesca.
- Pula-sela.[4]
- Corrida de sacos.
- Bambolê.
- Corda.
- Futebol de tampinhas.
- Bolinhas de gude.
- Jogos de agrupar...

[2] N. do E.: termo técnico para a gravação de ruídos feitos na natureza (com ou sem intervenção humana).

[3] N. da T.: é um brinquedo antigo originário da China, sendo evolução do ioiô chinês. Consiste em um cordão preso por duas pontas em duas varas, com um tipo de carretel formado por dois cones opostos que deve ser equilibrado. O carretel é lançado para o alto e aparado pelo cordão. É muito usado para malabarismos.

[4] N. da T.: no original, "*juego de la pídola*". Também chamada de "pula-carniça" ou "pula-mula". Jogo muito comum desde o século XX.

Sobre a autora

Beatriz Trueba Marcano é professora de Educação Infantil e historiadora da Arte. Tem trabalhado em contato com as crianças tanto em contextos de educação escolar formal quanto informal. Depois de seus anos de trabalho em escola pública como docente em Educação Infantil, foi coordenadora de formação do professorado dessa etapa, em Madri, na Espanha. Tem acolhido e ministrado numerosos cursos, conferências, além de coordenar oficinas de formação contínua, tanto na Espanha quanto em outros países da Europa. Seus temas de pesquisa se centram na organização de espaços para a infância, em oficinas integrais, nas brincadeiras e nos jogos, nos fantoches, nos livros *pop-up* como recurso educativo, na Arte na infância, na educação em Reggio Emilia, na programação por projetos e na criação de modelos didáticos coerentes. Tem diversas publicações sobre esses temas. Atualmente, concilia essas atividades com a curadoria de diversas exposições de Arte.

FSC
MISTO
Papel
FSC® C075537

SOBRE O LIVRO
Formato: 16 x 23 cm
Mancha: 11,2 x 17,4 cm
Papel: Offset 90g
nº páginas: 208
1ª edição: 2022

EQUIPE DE REALIZAÇÃO
Assistência editorial
Liris Tribuzzi

Edição de texto
Gerson Silva (Supervisão de revisão)
Roberta Heringer de Souza Villar (Preparação do original e copidesque)
Fernanda Fonseca (Revisão)

Editoração eletrônica
Évelin Kovaliauskas Custódia (Capa, projeto gráfico e diagramação)

Fotografia
Beatriz Trueba Marcano. A fotografia da capa fez parte da exposição virtual *World, Beach Project* [*Mundo, Projeto de Praia*, em tradução livre], dirigida por Sue Lawty, no Victoria & Albert Museum de Londres, de 2007-2012. (Fotografia de capa)

Impressão
Leograf